《金融時報》五十大商業好書

卓越領導者的修練學

關鍵十策略，從收服人心到駕馭環境，
思維完全躍升的實戰聖經

華倫・班尼斯 WARREN BENNIS 著 劉佳澐 譯

ON BECOMING A LEADER

方言文化

獻詞

獻給醫學博士大衛．坎諾姆（David Cannom）、

大衛．格根（David Gergen）與

史蒂芬．斯普爾（Stephen Sample），

感謝他們不遺餘力地讓這個世界變得更加健康與健全。

CONTENTS

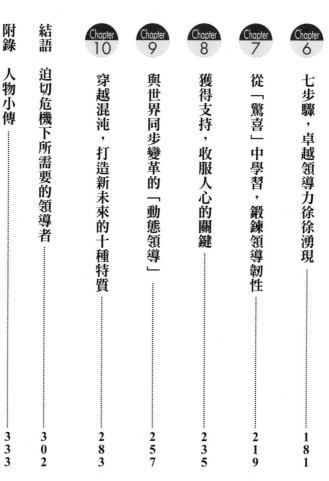

致謝

雖然這本書的作者欄只有我的名字，但這是經過許多人的協助才能完成。我很久以前就發現，最有效的學習方式就是與其他人交談，當我與才華洋溢的同事們一起腦力激盪、一起熱絡愉快地討論點子，過程中我的想法也被活化、獲得改善，並得以仔細審視過去的構思。在《卓越領導者的修練學》的前幾個版本中，我試圖感謝所有從一開始就幫助我打造這本書的人，現在我依然非常感謝當時的合作者、同事和朋友，他們慷慨地分享了建議、專業知識和時間。

而在這個二十一世紀的新版本中，一定要特別提到其他新的合作對象。首先是我在南加州大學的助理瑪麗．克里斯汀，她不僅勤勞還擁有過人機智和智慧，讓我的職業生活井然有序，她處理各層面的事務，讓我有時間去思考和寫作，對此我每天都心存感激。接下來是我在珀爾修斯出版社（Perseus Books）的編輯尼克·菲利普森，在修訂二〇〇三年版本時，尼克所做的努力就已經遠超過編輯應有的責任，他以熱情與批判的眼光重讀這本書，關注本書與當今現實世界持續呼應之處，更重要的是也找出不再有共鳴的段落，他給了我一張修改這本書的地圖，使得這項任務變得不那麼令人生畏。而且在整個過程中，他也是我最好的朋友和同事，提供敏銳的見解和讚賞，提醒我有錯誤卻依然保護我的想法，既參與工作又不留痕跡，簡而言之和他一起工作很愉快。

而在二十周年紀念版（二〇〇九年）中，艾瑞克·保羅·畢德爾曼則貢獻了寶貴的見解、能幹的編輯力與極具洞見的批判。最後我必須感謝我的老朋友和合作夥伴派翠西亞·沃德·畢德爾曼。派特和我的共事關係絕對是大家夢寐以求的，數十年來，她激發了我的想法，並幫助我加以實現，每次我們一起工作時，我都會想起最好的合作就是充滿思考、激情和歡笑的狀態。

引言
混亂局勢與新經濟型態的領導特質

這篇引言是當今世界的速寫。一九八九年，在本書首次出版之前，我撰寫了第一版引言，世界正處於重大變革邊緣，沒人預見到柏林圍牆後來會在十一月時轟然倒塌，伴隨著搖滾樂歡快的喧鬧，德國終結了二戰結束以來的分裂局面。書籍剛出版時，德國還是分裂的，蘇聯還是完整的，喬治．布希（George H. W. Bush，又稱老布希）還是總統，而就在離柏林不遠之處是相對平靜、統一的南斯拉夫。受種族隔離制度迫害的曼德拉還被關在南非的監獄裡，後來才被擁戴為「非洲的華盛頓」。當時有用過網路的美國人只有四百多個，他們在部份的大學和政府機構上班，而就算是最樂觀的預言家也不會想到，網路有一天竟會徹底改變世界，無論是全球經濟又或是恐怖分子策劃恐攻的方式。一九八九年，美國人開始使用無線電話和錄影機，但手機和 DVD 還只存在想像中。

轉眼十三年過去，時間來到二〇〇二年。當我在麻州劍橋市寫下新版引言時，美國人正在激動地爭論是否應該出兵伊拉克。

前總統吉米・卡特（Jimmy Carte）二〇〇二年獲得諾貝爾和平獎，數日之後，北韓公布他們持有核武，這是從一九六〇年代冷戰高峰以來，全球再次壟罩在核武陰影之下，以前美國的孩子們都要學習如何在蘇聯的核武攻擊時躲起來和逃生。而我在寫第一版引言時，正逢一九八七年十月美國股市暴跌的時刻，之後美國經歷了史無前例的繁盛時期，直到最近才出現了嚴重的衰退，絕大多數五十歲以下的人，都見證到這一點。一九八九年，民主黨渴望重返白宮，把希望寄託在阿肯色州年輕的州長比爾・柯林頓（Bill Clinton）身上，後來他當了兩屆總統，卻差點因為與白宮實習生的性醜聞而被彈劾下台。二〇〇〇年第四十三屆總統大選，小布希（George W. Bush）的票數略低於艾爾・高爾（Al Gore），最後仰仗最高法院的裁決險勝了高爾，選舉結果因而翻盤，這是美國史上頭一遭。

而多虧了傑出的科技和想像力，人類基因也已經解碼，大腦的秘密也正以前所未有的速度被揭密。就連愛滋病現在也已不一定是致命疾病了，雖然自從中世紀黑死病之後，再也沒有其他疾病像愛滋病這般大流行，造成數百萬撒哈拉沙漠以南的非洲人病逝，也在亞洲快速傳播。

本書的第一章敦促人們要能夠「駕馭環境」，這比以往任何時候都更加重要，也更為困難。在許多層面上，一切都已經與一九八九年大不相同，普立茲獎得獎記者湯瑪斯．佛里曼（Thomas L. Friedman）於一九九九年出版了一本暢銷書，名為《了解全球化：凌志汽車與橄欖樹》（*The Lexus and the Olive Tree*），書中他就這樣形容：「這個世界只有十歲。」

一九九〇年代以來，世界發生了極大的改變，網際網路就是最鮮明的例子。一九八九年時，美國第一批接觸到網際網路的四百位使用者就預測，這會為人類的溝通模式帶來革命性的改變，但即使是他們也沒有預料到，如今網路在工作與生活中已經變得不可或缺。就在我寫這篇引言的同時，全球網路使用者已超過五億八千萬，使用率則每隔一百日就會翻倍，也就是說就算一九八九年十一月九日柏林圍牆沒有倒塌，全世界的人也會透過網路有效溝通，將世上所有國家的疆界推倒。

從一九八九年以來，科技做到了許多意識形態無法完成的事，建立了一個靠著網路線連接起來的地球村。網路甚至能幫助革命的少數派在受到圍困時與外界保持聯繫，比如幾年前墨西哥恰帕斯州（Chiapas）的印第安農民起義事件就是如此。然而科技即便推動了全球交流，讓世界變得更小，卻沒能也讓世界變得更加安寧，上一次我提心吊膽地查資料時，依然查到全球還有二十五起國界領土糾紛，牽連到大約四十個國家；也就是說如今人們雖然生活在科技如此發達的世界，但任何地方的人，都還是可能透過衛星電視得知某地的女性因通姦罪被亂石砸死這種可怕的消息。

全球也正逢重大經濟轉型，中國擁抱了創業文化與其他資本主義形式，歐盟曾被視為烏托邦式的空想，如今也已變成現實，還淘汰了法郎與德國馬克，改用歐元取代所有貨幣。近十幾年間美國的新經濟經歷了萌芽、激增，到最後徹底崩塌，一九九〇年代無數聰明的年輕人都創辦了自己的電商公司，甚至在產品還沒上市，或者根本沒有營收之前，股票價格就先一陣暴漲。然而既然所有人都能預料到這種經濟模式，那麼之後網路公司泡沫化和幻滅也就一點都不意外了，不過雖然那斯達克指數（NASDAQ）慘烈，新經濟卻還是生機蓬勃。

新經濟是靠智慧資本（intellectual capital）推動，這也是二十一世紀經濟的特徵。以往企業最重要的資產是辦公大樓、廠房和設備，但那樣的時代已經過去了，如今創意（ideas）就是全球經濟的運轉馬達，更是生財工具。目前的領導者以及未來的潛力領導者都應該要知道，新經濟的重點就是，**力量來自創意，而非位置**。

此刻，媒體的焦點話題是沮喪的員工們看著退休金帳戶的入帳數字不斷縮水，只好放棄提早退休的夢想。二〇〇二後半年，還有工作的人都很欣慰，並且都在努力保住飯碗。但情況可能很快就要改變了，而當改變發生時，領導者若希望公司取得成功，就必須要再度鼓勵甚至是溺愛那些擁有最佳創意的員工。經濟不景氣時，二流領導者還能不顧後果玩弄權力，擺佈身邊的人而不會出狀況；但當經濟繁榮的時期再次到來時，能倖存下來並不斷成長的，則是那些不會把員工當成機器，視他們為珍貴同事與夥伴的成功領導者。

領導者最重要的特質

就如同新經濟會潮起潮落，各界領導者也是如此，一九九〇年代，其中一個糟糕的趨勢是「明星執行長」的風潮。克萊斯勒汽車集團（Chrysler）的李・艾柯卡（Lee Iacocca）可能是第一位家喻戶曉的企業領導者，就像電影名人或搖滾偶像般。美國人通常認為企業就是領導人的影子，雖然像開國元勛約翰・亞當斯（John Adams）這樣重視互助合作的領導者，一點都不會苟同這種看法。直到今天，群眾一直都還會過分褒獎那種有魅力的領導者，不管他們究竟有沒有實質貢獻。在二十世紀的最後幾年裡，這種趨勢已經徹底失控。

企業領導者名實不符的首要指標，就是高階主管的超高薪水，這當然不是說成功的企業家或勤勞的領導者應該要過著節儉的苦日子，但在一九九〇年代，他們的薪水已經高得不合常理。在七〇年代，美國企業執行長的薪水通常是一般職員的四十四倍；但到了二〇〇〇年，根據美國勞工聯合會暨產業工會聯合會（AFL-CIO）的調查，執行長的薪水已是一般職員的三百多倍。二〇〇二年，《彭博商業週刊》（*Business Week*）報導，美國高階主管族群的年薪中位數是一千一百萬美元，而一般上班族的中位數卻只有三萬美元左右。

這種不平衡讓人極為不安，突顯出貧富差距與日俱增。僅占人口百分之一的高階主管族群掌控著百分之五十的財富，而另外百分之九十九的人，則是逐漸衰弱的中產階級，以及日益增多、毫無希望，甚至沒有健康保險的社會底層人。中產階級的崛起曾經象徵著二〇世紀後半葉偉大的經濟成功，這些人原本相信，忠誠和努力能為他們帶來工作的保障和舒適的生活，但現在卻越來越弱勢，而事實也很可能會證明，中產階級的消失將帶來新世紀的經濟劇變。此外除非目前少數人掌握財富的趨勢逆轉，否則情況只會變得越來越殘酷。

當執行長開始變得越來越像個太上皇時，他們應該要知道自己有一天會被推上歷史的斷頭臺，但許多人非但不收斂還變本加厲。二〇〇一年和〇二年，在各式各樣會計違規操作、非法借貸和內線交易的商業醜聞中，許多原本極具野心的企業接連倒閉，這些被釘到恥辱柱上的企業包含：安隆能源（Enron）、世界通訊（WorldCom）、阿爾德菲亞通訊（Adelphia Communications）、環球電訊（Global Crossing）和英克隆生技（ImClone Systems），他們的部份高階主管遭到起訴、戴上了手銬。在這些事件中，最令人震驚的也許是原本前景大好的生活風格女王瑪莎・史都華（Martha Stewart），她投資了英克隆的股票，透過內線得知他們本來寄予厚望的抗癌新藥不會獲得美國食品藥物管理局（ＦＤＡ）核准，並在結果公開之前，就拋售了手中的所有股票，最後遭到起訴。許多人幸災樂禍地等著看她身敗名裂，還說她可以用監獄條紋花色的壁紙來佈置單人牢房，這顯然是把自己的快樂建立在他人的痛苦之上。

美國思想家拉爾夫・沃爾多・愛默生（Ralph Waldo Emerson）總會用這句話問候許久不見的朋友：「自上次一別之後，有什麼事情變得更清晰了？」對我而言，比以往任何時候都更加清晰的就是「領導者首重正直的品格」，無論是企業老闆、教會領袖，還是其他各產業的高階主管，有太多領導者都忘記，自己是受社會監督並隨時會被檢視，忘記有些事情雖然合法但並非是正確，也忘了公眾給予他們的權力，有一天也可以收回去，看看瑪莎・史都華的例子就知道了。

商業醜聞也對股市產生了深遠的毀滅效應。安隆能源和其他涉嫌詐欺的公司醜聞登上了頭條新聞，雖然一陣子之後會被大眾遺忘，但留下的負面影響卻會持續很長一段時間。不負責任的高階主管自己拿著大筆遣散費走人，但他們的行為卻糟蹋了上萬億美元的經濟資源，美國企業界的污點如此明顯，連英特爾（Intel）前執行長安迪・格魯夫（Andy Grove）都忍不住說：「這些日子裡，我實在以身為美國企業界的一份子為恥。」

這會對今日的領導者造成什麼影響？

由於局勢混亂，其中一個可能的結果就是高階主管的薪水最終會下降至比較合理的幅度，雖然一般職員可能依然一輩子都賺不到執行長一年的薪水。而多虧了年年縮水的退休金計畫，現在美國員工都可以是公司的股東，以後他們也很可能會要求領導者要拿出更好的績效，如果未能達標，就不能付他們如此奢侈的薪水。而非營利等相關組織的負責人可能會拿到更少的薪水，卻受到更多的監督，這也許是一件好事。**我們都知道，金錢更像是創造力的障礙，而不是鼓舞**。領導者如果只能拿到比較合理的薪水，就可能會更在乎工作本身的內在回報，而且他們更有可能承認自己的職責需要具備道德要素，道德就像利潤一樣重要。

我希望這種狂躁的狀態漸漸平息，讓所有人靜下心來，深刻且嚴肅地思考一些更重要的問題，比如：「當今世界，企業和組織的使命是什麼？」人們總認為公司就是一部替股東創造財富的機器，這個想法過度簡單，但是什麼樣的想法會更貼切、更具有啟發性呢？我認為「組織」應該要能不斷變化，作出迅速回應，英國管理學家查爾斯．韓第（Charles Handy）也提出「組織就是社區」的觀點，如今大多數人都花更多時間工作，也更希望工作能與個人生活達到良好平衡，因應這種狀態，公司或其他組織更應該像一個小型社區。尤其行動電話讓職員們無時無刻都得回應工作需求，人們會更加渴望工作是有意義的，否則何必為此錯過自身與家人相處的時間？各領導者都應該要認真思考，如何給予員工有意義的回報，並讓日益小型化的團隊充滿人情味。如果領導者只顧著平息醜聞，沒辦法好好釐清道德與原則問題，那真的很可悲，而如果這些醜聞導致員工進一步認為不值得為企業效命，那就更可悲了，一如政治公職屢因醜聞而蒙羞，這就是最顯著的例子。

真相總是醜陋的，但我也認為，人們對領導者的態度其實是週期性的。群眾很容易在某段時間裡過度給予某些領導者不相稱的關注和推崇，當成皇室一樣吹捧，卻又在另一個時間點把他們視如魔鬼而激烈地攻擊，這兩種極端都是不正確的。事實是每一個因醜聞下台的執行長背後，還有其他成百上千個能幹而又可敬的商業領導者在崗位上努力；同樣的在非政府組織、社區活動團體、大專院校、文化機構以及其他非營利組織的高層之中，也有許多非常優秀並有志成為領導者的人，**應該去尋找和效仿這些人的榜樣**。

為什麼沒人說實話？

我在另本書籍《怪咖與老頭》（*Geeks and Geezers*）中，比較了年輕領導者和資深領導者。其中一位資深領導者是哈曼國際工業（Harman International

Industries）的執行長希尼．哈曼（Sidney Harman），我和鮑勃．托瑪斯（Bob Thomas）前去訪問他。不久之前似乎每天都有不同的公司禍根被爆料出來，那時希尼就在公司的季度報告中向股東提出這個現象，他告訴股東：「公司與大多數獨立董事會成員並無生意往來，我們有相對應的機制能確保董事會以及公司本身的正直，如果出了什麼問題我一定會知道，因為『我全心關注並管理這家公司，我知道每個角落發生的事情』。」這種敏捷的反應、負責的行為就是真正的「領導力」。

像所有偉大的領導者一樣，希尼最重要的一件作為就是培養出誠實的文化。在「領導」這項主題下寫作多年之後，我突然發現在許多組織的成功案例中，都有一個很重要的因素被忽視，那就是，**偉大的並非領導者，而是追隨者**。希尼的辨公桌上擺了一個牌子，上面寫著：「每間企業中總會有個人能夠洞悉真相，那人應該被開除。」這當然是在講反話，希尼一直堅持傾聽，甚至歡迎員工們提出有見解的異議，然而在許多企業裡，說出逆耳忠言的人會被開除，或者受到排擠。

一九八六年一月二十八日，太空梭「挑戰者號」發射不久旋即爆炸，造成機上人員全數罹難，包括六位太空人，還有首位參加太空飛行的女老師克莉斯塔．

麥考利夫（Christa McAuliffe），這是美國史上最嚴重的一場太空梭災難事件。然而這場悲劇原本可以避免，就在災難發生的前一天，ＮＡＳＡ供應商泰爾克橡膠（Morton Thiokol）的工程師羅傑·博伊斯喬利（Roger Boisjoly）就曾經提醒主管，太空梭的O型環有嚴重缺陷。但就如同希臘神話中的祭司卡珊卓拉（Cassandras）一樣，他的警告被當成了耳邊風，雖試圖勇敢地阻止災難，卻換得了職業生涯的終結，在那之後他無法繼續在航太領域中找到新工作，只能仰賴揭發內幕和發表道德演講維生。如果有其他人想要揭發內情，他們可能會想：「提出異議前，首先要先有一份新的工作在等著你。」

無論提出反對意見的人是多麼可敬，他們都很少受到組織的歡迎。我想起了在某部卡通裡，有位業界巨頭被一群拍馬屁的部屬包圍，他咆哮著說：「誰敢反對我，就準備給我滾蛋！」組織總是嚴厲地對待堅持說出難堪真相的人，像是安隆能源的雪倫·沃特金斯（Sherron Watkins），還有揭發弊端的ＦＢＩ探員柯琳·羅利（Colleen Rowley），他們都是活生生的例子，然而對於組織來說，這些願意對當權者說真話的人應該是寶貴的資產。

有時候組織會以荒謬可笑、甚至不道德的心態忽視壞消息，比如汽車產業對某些車款的安全隱患視而不見，這就是一個極其惡劣的例子。**真正的領導者應該擁抱說出真話的人，無論真相有多難堪**。要讓領導者沉淪，最快的方式莫過於在他們身邊塞滿一群應聲蟲；就算有少數人會為了反對而反對，他們也能促使領導者重新評估自己的觀點，審視思維中的缺陷。

質疑能讓好的觀點變得更有說服力，部屬對當權者講真話時也需要勇氣，而且可能要為自己的直率付出代價，然而這樣的勇氣不亞於領導力，敢於站出來反對自己的上司，這種精神可能無法保住工作，但也會幫助員工在另一個更加開明的組織裡找到用武之地。

偉大的領導者和追隨者會致力於富有創造性的合作。大多數人可能會覺得領導者就像藝術家一樣，是一些孤獨的天才，但事實上光靠天賦就能解決所有問題的時代已經過去。當今世界的問題來得太迅速與複雜，若要加以解決，就需要優秀的領導者甚至是整個領導團隊帶領，「獨行俠的時代已不復存在」。要領導優秀的團隊，領導者並不需要具備團隊成員身上的所有技能；反而他需要具備的是願景、號召他人的能力以及正直，此外還要有出眾的眼光、訓練輔導的能力，要能夠慧眼辨識人才，用富有感染力的樂觀精神，激發團隊最大的潛力，並促進溝通、調停衝突，以公平的意識和真誠來贏得信任。在這時代一切都比過去更加複雜，節奏也更為快速，**這讓協調與促成合作的能力變得比以往更加重要。**

從困境中誕生

如今以下兩件事情更是與每位領導者密切相關，其一就是九一一事件。二〇〇一年九月十一日，恐怖分子對世貿大樓與五角大廈的攻擊，就像「珍珠港事件」一樣，從根本上改變了美國人的生活。長期思考領導力和變革的人，一直認為變革的步伐會因此加速，必須找到更好的辦法來應對，但是有些變化卻很難讓人接受，九一一就是其中之一。自從二十世紀全球經濟大蕭條以來，美國一直是塊安全的福地，內戰之後美國本土從來沒有發生過戰爭，在社會公平和種族議題上，美國還擁有非凡的自由度和多元的包容性，但九一一讓美國不再安全了。二〇〇二年，峇厘島的恐怖爆炸事件也明顯是衝著西方人而來，還有華盛頓特區發生的連環襲擊案，也進一步讓民眾的安全感一點點消失。我們討論著九一一的同時，應該要努力從數千傷亡與斷垣殘壁中，找尋足以影響未來的教訓和意義，而不是僅僅把它當成一場災難而已。

對於任何組織和機構而言，情勢越是危急，就越需要領導者挺身而出。二○○二年，在研究「怪咖」們為什麼會成為領導者的過程中，我和鮑勃．托瑪斯發現，領導者總在重大事件中崛起，而且往往是充滿壓力的事件，我們把這種造就領導者的經歷稱之為「熔爐」。曾有位記者問我：「為什麼會對『領導力』這個主題感興趣。」我回答：「如果不思考有關領導力的問題，想要熬過一九三○、四○年代是不可能的。」當時國際上有許多偉人，像是富蘭克林．羅斯福（Franklin D. Roosevelt，又稱小羅斯福）、邱吉爾、甘地等等；也有以最恐怖的方式運用巨大權力的人，比如希特勒，他簡直是濫用領導的精髓，屠殺了數百萬無辜的生命。對許多和我同輩的人來說，大蕭條和二戰就是我們的熔爐。

在領導力的熔爐中，會發生許多神奇的轉變，這些經歷有可能是像曼德拉在獄中渡過的嚴酷歲月，也有可能只是受到了導師的帶領，相對比較不痛苦。**但具有某些特質的人從熔爐走出來之後，就會塑造出全新、更成熟的領導能力。**無論經歷過什麼，熔爐都會讓領導者變得強壯且堅韌，而考驗儘管殘酷他們都會變得更樂觀與心胸寬廣，不會失去希望更不會向苦難屈服。一七八○年，也就是前第一夫人阿比蓋爾．亞當斯（Abigail Adams）之子約翰．亞當斯的品格和領導力受到熔爐鍛造的艱難時期，她在信中對兒子說：「偉大的領導者往往從苦難中誕生，偉大的思想也是在困境中鍛造出來，巨大的難關將會催生出偉大的特質。」就像第二次世界大戰造就了二十世紀後半葉的領導者，我認為九一一和網路泡沫這種嚴酷考驗，也將會成為新一代領導者的「熔爐」。果真如此。

必須擁有的四種能力

除了我在本書正文中描述的特質之外，所有的領導者還應該具備以下四種必須能力。

第一是透過建立共同願景與意義，來吸引人們投身其中。對於這種能力，希特勒可以說是一個可怕的範本，不要低估花言巧語和表演在領導力上發揮的作用，後果將非常堪憂。領導者之所以能夠宣傳自己的願景，其中一個原因就是他們能敏略地感受到追隨者的痛苦、渴望和需求。無論是在哪個領域，領導者都應該要善於理解他人的處境、情感和動機。

第二要有一種獨特的「聲音」。所謂的「聲音」包含了許多要素，比如目標、自信和自我意識，還要有「完形」（Gestalt）能力，心理學家丹尼爾·高爾曼（Daniel

Goleman）把這稱之為「EQ」。「聲音」很難具體定義但卻極其重要。艾爾·高爾之所以會輸掉二〇〇〇年的總統大選，其中一個原因就是他缺乏自己獨特的聲音，了解高爾的人會被他的才智、正派、願景以及尖酸刻薄的幽默感所打動，但在競選期間公眾根本無法聽到他真正的聲音；相反的，小布希卻有獨特的聲音向公眾傳達了討喜、低調的形象，甚至讓原本強烈反對他政見的人，都做出了正面的回應。而且也因為新媒體能把一切傳播到各個角落，發出自己的聲音比以往任何時候都更加重要。

第三種能力是誠信正直。最近接二連三的企業醜聞提醒著我們正直有多重要，有太多企業領導者根本沒有這項特質，這些人被諷刺為「企業的黃鼠狼」。正直的組成要素之一就是堅定的道德指引，這不一定是宗教信仰，但一定是對外在與自我抱有堅定的信念，作家拉爾夫·納德（Ralph Nader）對消費者至上主義的信奉就是一個例子。領導者的品格也很重要，關於這個主題，我最喜歡的一個結論就是大衛·麥卡洛（David McCullough）在《品格至上》（*Character Above All*）一書中寫過的段落，他如此評價哈里·杜魯門（Harry S. Truman）總統：「身為總統，品格比其他任何特質都更重要，重要程度甚至遠高於對外交政策、經濟甚至是政治的了解。擔任總統經常需要面臨緊要關頭，此時你會如何決策？你會選擇哪條路？需要什麼樣的勇氣？杜魯門引用了他心目中的英雄安德魯・傑克森（Andrew Jackon）總統曾經說過的話，『和對手決鬥的確需要勇氣，但相較於拒絕朋友的關說，前者所需的勇氣根本不算什麼。』」

第四是隨機應變的適應力。適應力讓領導者能夠迅速、聰明地應對持續不斷的變化。在近十多年裡，因應高速發展的環境，新的決策過程也逐漸形成。正如心理學家卡爾・威克（Karl Weick）所言，以前的領導者能按圖索驥，但數位時代的領導者所面對的世界並非靜止或清晰的，因此要有自己的指南針。威克解釋道：「根據定義，地圖只在已知領域中有用，因為這些領域早已經被前人探索過了。但當你不確定自己身在何處，只有指南針能帶來幫助，當然它也只能給你一種大概的方向。」適應力能幫助領導者在當代世界立即採取行動並評估後果，不只是依賴傳統決策模式——先收集和分析資料再採取行動；如今的領導者們都應該知道，效率極為重要，經常需要在資料找齊之前就先動作，他們必須評估行動的結果、修正行動路線，然後再一次迅速前進。

適應力由多方面構成，其中包含彈性，這也是心理學家所說的「韌性」。小說家索爾・貝婁（Saul Bellow）描述自己筆下人物時說過：「能迅速且恰當採取行動的人，都是一流的觀察家。」適應力也是一種創造力，更是發現並抓住機會的能力。

發現與培養真實自我

根據我多年的觀察，我也總是被有些人尋找典範的效率所打動，年輕人的天賦之一就是找到優秀的榜樣，並懇求他們給予指點，這種能力要比單純地建立人際關係更複雜也更為重要。

在近幾十年，我從導師的角度經歷了這些過程，有些能幹的年輕人為了吸引我加入他們的生命中，讓人不由自主地關心或願意以任何方式幫助他們，運用了一些讓我深感佩服的技巧。要想成為領導者，這種能力也必不可少。更何況就連其他靈長類動物都會採用這種戰略，在研究雄性狒狒的過程中，史丹佛大學神經學家羅伯特・薩波爾斯基（Robert Sapolsky）發現，年長雄性狒狒的壽命，取決於牠們是否能夠招募到更強壯的年輕雄性來保護自己。顯然「給予輔導」不僅僅是一種職業發展戰略，更是一種可以讓雙方都受益的互惠方式。

在與成功人士交流時，我總會對他們的適應力感到驚訝。如今我比以往任何時候都更加肯定，成為領導者的過程正是健康、全面成長且逐漸成熟的過程。說到適應力，我還想起像美國證券交易委員會（Securities and Exchang Commission）前主席亞瑟・萊維特（Arthur Levitt）這樣的領導者，亞瑟的適應力讓他得以一次又一次地自我鍛造。在我寫這篇引言時，他正好有本關於華爾街和美國企業界的書登上暢銷榜，這幾年他因為評論美國公司的經營方式倍受關注，歲月讓他成為了一位傑出領導人，並且讓他擁有了出色的能力。

領導力永遠都關乎品格，而且與誠實可靠有關。心理學家先鋒威廉・詹姆斯（William James）關於品格的評論，他寫道：「要定義一個人的品格，最好的方法就是找出自己最積極、最活躍的獨特心態或道德態度。在這種特定時刻，總會有一個發自內心的聲音，大聲地對你說，『這才是真實的我！』」

一九八九年，我曾經強烈建議所有人去發現和培養真實自我，也就是你身上最活躍、最能代表你的部份。而與當時相同，**發現並培養真實的自我，至今依然是一條成為領導者的可靠道路。**

導讀

選擇臣服或領導，在意願而非天分

我把生命中的大部份時間都奉獻給了領導力研究，而過程中不可或缺的部份，就是對美國各界領導者的觀察和訪談。在這個主題上，我出版的第一本書是《領導新論》（*Leaders*），一夕間我突然成了領導力權威，不管是誰、不管他身在何方，只要有關於領導力的問題，就必定會來找我解答。說起這件事我的懊惱與自豪不相上下，因為無論如何我都沒有全部的答案。

領導力的研究不可能如同化學那樣精確，一方面是社會並不像物理世界那樣井然有序和有規律；另一方面，固體、液體和氣體是一成不變而且可預知的，但人類則否。我不願意貿然下結論，或發表一些畫蛇添足的想法，所以不得不一次次地去檢視自己的回答是否合理，人們想知道真相，而我告訴他們我的看法，然而在某種程度上，領導力就像美感一樣很難定義，但是一看便能辨識出來。

如今我仍然沒有找到所有的答案，但是自《領導新論》出版以來，我已經對領導力有了更多認識，因此這是我的第二本關於領導力的書。《領導新論》討論的是「領導者是什麼人」，而《卓越領導者的修練學》討論的是方法論，**我們要如何成為領導者、如何領導群眾，以及組織是如何鼓勵或限制了潛力領導者。**

然而領導力不可能憑空產生，所以我首先著眼於領導者需要面對的環境，也就是阻礙領導者成長的各種力量。人人都在感嘆當今世界缺乏領導力，而怪罪的矛頭也往往指向某個未能達標的人，貪婪、膽怯、缺乏願景，這些都在時下諸多偽領導者之間蔓延。我知道這個國家還有許多真正的領導者，因為我曾經與他們交流過，然而毫無疑問，無論這樣的領導者有多少，都會讓人覺得還不夠，尤其是以國家的角度來看。但人的缺陷卻預示著一個更加嚴重的問題。

目前處於領導地位的人，似乎沒有能力駕馭他們所處的領域，而個世界本身更是難以駕馭，最近二、三十年的變化如此顛覆，在商業領域中，更有點像是全世界的人都在踢足球，只有美國人在玩橄欖球，這可不只是比賽規則不同而已，根本就是兩種完全不同的比賽。

因此在人們掌握領導力前，必須要對這個陌生的新世界有所了解。毫無疑問任何無法駕馭多變環境的人，最終都會被環境控制，許多成功人士，包含你在本書碰到的領導者，他們的背景、經驗和職業各不相同，但都生活充滿熱誠，並能充分而自在地展現自我。你會發現，**如何展現自己是領導力的本質**。思想家愛默生曾說：「人的一半是他自己，另一半是他的表現。」這也是本書的精神——領導者都是能充分展現自我的人。**充分展現自我的關鍵，就是了解自我和外在世界，而了解的關鍵則是學習，從自己的人生和經歷中學習。**

也就是說，領導者很了解自己，知道自己的優缺點，知道如何發揮優勢、彌補缺失；也知道自己想要的是什麼、為何需要；以及如何透過有效的溝通和共同的目標，贏得他人的合作與支持。最後，他們知道該如何實現目標。

領導的潛力與起點

成為領導者並非易事，就像成為醫生或詩人一樣，聲稱當領導者很簡單的人都是在自欺欺人。**但學習領導力確實比多數人想像中容易，因為每個人都具備領導的潛力**。事實上幾乎每個人都有領導的經歷，不一定是管理公司或治理國家，但正如哈倫．克利夫蘭（Harlan Cleveland）在《知識型管理者》（*The Knowledge Executive*）一書中所寫道：「有成就的精英人士為數眾多，而且非常普遍。他們可以是政治、商業、農業、勞工、法律、教育、新聞、宗教、反歧視行動或社區安居等領域的領導者，也可以是關心墮胎議題、市立動物園政策問題的領袖；他們的職責可能包含社區事務、國家決策或全球問題和跨國產業經營，也可能只是生活和工作中較小但也需要深入的領域，比如一間公司、當地政府機構或者是一個社區。」

無論你的領導經驗是什麼，都是一個很好的起點。事實上成為領導者的和成長為一個完整的人，其過程是一樣的，領導者的成長也需要靠經歷。**從「領導者」的角度來討論這個過程，只是一種比較具體的方式而已。**

法國立體主義畫家喬治．布拉克（Georges Braque）曾說：「藝術中最重要的部份是無法解釋的。」領導力也是如此，但是領導與藝術一樣可以被展現。我著迷於觀察和傾聽美國傑出領導者的聲音，**他們都是自身經歷塑造出來的獨特個體，但與多數人不同的是，他們每個人的價值都不僅在於經歷，而在於能從各自的經歷創造出更多可貴的特質，而且都是原創、非複製的。**

無關天分而是自我學習

因此我並不要討論某個領導者的理論，或吹捧某種不切實際的領導者，而是將真實世界中的領導者當作典範。我特別選出一些有成就也有才華的人，像是擔任執行長的作家、負責基金會的科學家、當上內閣成員的律師，以及一位已經展開第三次事業生涯的年輕人，他們勤於思考、善於表達、樂於反思，對他人產生了重大影響。

我認為商業是目前的主流文化，所以我挑選的領導者也有大約三分之二來自商業界，有些人可能會說藝術才是目前的主流，那麼讓我用傳奇的電視節目製作人諾曼·李爾（Norman Lear）的話來告訴你，就連電視節目也是受到商業支配的。其中有些典範正帶領著美國最重要的企業，有些則經營著自己的小公司，這些人中也有在媒體和藝術產業工作，也有人放棄商業職涯選擇非營利機構，還有體育名人、學術界人士、作家兼心理分析學家、律師，以及前面提到的科學家，還有從家庭主婦變成了作家和女權領袖的貝蒂·傅瑞丹（Betty Friedan）。你可能注意到，我把政治人物排除在外了，因為誠實的政治人物實在太少，而且相較於意識形態我對思想更感興趣。

這些領導者絕非平庸之人。他們投身於萌芽階段的新領域，是能夠理解現狀與放眼未來的帶路人，也可以說是回報前線消息的偵察兵，即便他們的背景、年齡、職業以及成就各不相同，但都具有三個基本的共同點：

首先他們都同意領導者不是天生的，而是後天造就，而且更多是靠自身努力，而非任何外在管道。

其次認為自己不是為了領導而領導，確切來說想要的只是充分且自由展現自我。換句話說領導者對於向他人證明自我並不感興趣，重視的是表達自我。這兩者間極為重要的差異，就是他們身處的「大熔爐」會決定自身究竟會受到環境驅策，還是主動駕馭。如今有太多的人成了前者，而成為後者的人卻寥寥無幾。

最後在整個生涯中都不斷地成長和發展自我。像是蕭伯納、達爾文、凱瑟琳・赫本（Katharine Hepburn）、金恩博士、甘地、尚・皮亞傑（Jean Piaget）等人，都是馬上就能想到的榜樣，邱吉爾直到六十六歲都還在不斷調整自己。

因此本書要探討的主題之一就是學習。事實上心理學家很少探討成年人的精神生活、學習和成長，無論是什麼原因，人們都常認為只有小孩子才有創造力，我認為這是一個社會化的問題，忽略了把四十五歲以上的中、老年人視為學習者，如果可以聽聞更多「成年人」學習的案例，包含邱吉爾、畢卡索、貝多芬，甚至是佛洛伊德，那麼一定會重新評估以前的假設。

因為目前對這些假設還抱持懷疑，暫時還沒有站得住腳的理論，但是目前最可靠的資訊顯示，成年人對自己的學習負責時，學習效果也最好；對自己的學習負責，是對人生負責的一種方式，更是一個人健康、全面成長的必要條件。

這些傑出人士的所有特質中，最關鍵的是要找出一個有方向的目標和終極願景。這些人是目標導向的，卡爾．瓦倫達（Karl Wallenda）曾說：「走鋼絲的時刻才是生活，其他時刻都是等待。」隨著目標而來的，則是去體現與實踐自己的願景。比如對達爾文來說，富有創造力的象徵就是一棵演化之樹，他可以在樹上追蹤不同物種的誕生與滅絕；威廉．詹姆斯則將心理過程形容為一條小溪；英國哲學家約翰．洛克（John Locke）則覺得像馴鷹師，放開獵鷹的過程就是「對創造過程的新見解」，也就是對人類知識的探求。這些人用的象徵可能意義不是多麼深遠，但都有同樣的意義。

先從提出問題開始

蘇格蘭散文作家湯瑪斯・卡萊爾（Thomas Carlyle）曾說：「**理想與阻礙都源於自我。**」正如從蘇格拉底和柏拉圖那裡學到的，若要克服阻礙，可以透過仔細審視的方式，並在恰當的時機提出適切的問題。傑出領導者似乎都已經克服了自己內在的阻礙，在我跟他們對談的過程中，我不是像一般訪問一樣，用普通的問題來尋找看似完美的答案，而是在探索有關領導力的某些真諦。在某種意義上，我們一起重新走了一遍他們曾經單獨踏上的道路，在過程中為尋找充分展現自我的方式而努力

柏拉圖認為學習的本質就是重新獲取或回憶本能的過程，比如熊和獅子天生就知道生存需要具備哪些能力，而且依照本能去做，人類也是如此。但是人們卻被旁人的指使所左右，以至於掩蓋了自身的本能，正如心理學家榮格所說：「心理分析更像是一種學習，而非治療。」

也就是說，我們本來都知道自己需要什麼，現在只是必須重新找回來，而若要重新找尋，則必定需要從提出問題開始。在我與領導者的每段對話開始之前，

心中已經想好了一些問題：

- **你認為領導者具備哪些特質？**
- **什麼樣的經歷對你的發展最重要？**
- **你人生的轉捩點是什麼？**
- **在人生中，你扮演過的哪個角色讓你感到挫敗？**
- **你如何學習？**
- **你一生最敬佩的人是誰？**
- **組織中有哪些措施會激勵或壓抑領導者成長？**

面對這些問題，受訪的領導者們做出廣泛、自由的回答，進而解釋了我最關心的問題，也就是人們如何學習、如何學會領導，組織如何幫助或阻礙這些過程？簡而言之，**就是他們「如何成為領導者」**？

「意願」是根本關鍵

人們往往認為，如果某個人具備了應有的特質，就必然能成為領導者，就像奶油一定會浮到水面上，但事實並非如此。演員史黛拉・阿德勒（Stella Adler），從演員轉職成為了知名表演老師，她一直拒絕評論自己成為明星的學生，她說：「我還有那麼多同樣具有天分的學生，但因為缺乏動力或者運氣不好等種種原因而沒有一舉成名，我害怕自己的評論會傷害到他們。」就像表演天賦不能保證演員是否會出名，領導特質也沒辦法保證某人將能好好帶領一間公司或一個政府。

事實上在如今不成功便成仁的環境中，本應大有作為的人，可能比應聲蟲更難實現自己的期望，因為這個時代，檯面下的紮實功夫，可能不如檯面上耀眼的成就來得令人珍惜，而且那些善於創造奇蹟的人，也未必願意擔任領導者。

儘管我曾說每個人都有領導力，但並非每個人都能成為領導者，尤其是在如今這種令人困惑且充滿拉鋸的環境之下，大多數人都臣服於大環境，不願意去改變自己、挖掘自身潛力；然而我也認為，無論幾歲或處於什麼的環境，人人都有自我改造的能力。**成為領導者是出於自身選擇，唯有當你有意願，才會踏上這條道路。**

成為領導者是一段漫長的過程，而這本書講述的正是這段過程的故事，不是一系列毫不相干的經驗教訓。這是一本當代故事，沒有開端也沒有結局，但卻有許多反覆提到的主題，包含討論正規教育與進修的需求；了解若要學習，必須先遺忘；明白唯有透過反思，才能理解經驗教訓的意義；討論冒險與犯錯的必要性，以及勝任能力與掌控手邊任務的重要性。

我知道內容的主題很多，但我也想要提醒你，領導力是一件很複雜的事，這些主題不僅重複出現，而且還相互重疊。比如在第五章中提到的知名導演薛尼·波勒（Sydney Pollack），他講了一個之前指導芭芭拉·史翠珊（Barbra Streisand）的故事，闡釋了冒險和反思的重要性。

在讀完本書第一遍之後，你可能會想再瀏覽一遍，至少我希望你會這樣做。

本質上**「成為領導者」與「成為自己」是同樣的意思**，這的確非常簡單，但也的確非常困難。現在就讓我們展開行動吧。

Chapter 1

駕馭環境，做出改變的第一步

領導者對社會群體的心態有著極大的影響力。他們可以成為群體道德準則的象徵，能夠表達出足以維繫群體的價值觀，最重要的是，他們會構思並闡明目標，讓人們擺脫狹隘的偏見，超越分裂群體的種種歧異，使人們團結起來，去追求值得全力以赴的目標。

——約翰·加德納（John W. Gardner），
《無不戰之勝》（*No Easy Victories*）

一九八七年十一月，《時代雜誌》（*Time*）的封面上寫著：「誰是領導者？」接著又自問自答道：「國家需要領導者，卻遍尋不著。」而近期，「缺乏領導者」這組關鍵字在Google上有超過五千三百三十萬筆搜尋紀錄，比五年前的兩萬七千次增加了不少，人們感嘆世界組織、民族、國家、宗教團體、公司、非營利單位、教育、醫療、體育等所有人類活動，幾乎都缺乏領導者。

多年來世界對領導力的渴望不斷增長。二〇〇八年十一月四日，歐巴馬當選美國總統，無疑是一位極具魅力的新領袖登上了世界舞臺，在他大選獲勝的那晚，數百萬美國人流下了眼淚，為他們的國家感到驕傲，為他戰勝了舊時代的偏見而感到欣慰。新任總統曾經就讀的印尼小學裡，孩子們看著電視轉播歡聲雷動；英國人在酒吧裡舉杯慶祝；肯亞人民也在歐巴馬父親出生的村莊裡，和他的親戚跳起舞來。但歐巴馬的總統任期才剛剛開始，人們懷抱希望期盼他能成為一位偉大領袖。

歐巴馬的大勝也提醒了一件事情，這世上的領袖名單是多麼地單薄。眾所皆知的偉大領袖多半已經逝世，比如帶領國家超越恐懼的小羅斯福總統走了；鞠躬盡瘁的鐵血首相邱吉爾走了；人道醫生史懷哲在蘭巴雷內的叢林中不遺餘力地奉獻並激勵了全人類，他早已離開人世；還有讓人類一窺無垠宇宙奧秘的愛因斯坦也不在了；甘地、約翰・甘迺迪（John Kennedy）、金恩博士——都遭到殺害。

同時，令人畏懼和失望的領導人卻在台上作秀。曾經的「不沾鍋」總統隆納・雷根（Ronald Reagan），發生了伊朗門事件（Iran-Contra Affair）和其他醜聞。柯林頓總統甚至在上任之前，性醜聞就已經滿天飛，後來他因偽證罪和妨礙司法罪被眾議院彈劾，雖然最終參議院宣判無罪，但以如此引人注目的方式受到全國指責，這倒是美國民選總統史上前所未見。

與二〇〇八年不同，二〇〇〇年的總統大選與其說是候選人之間的競爭，不如說是一段峰迴路轉的過程。小布希雖然宣布當選，但其實他落後艾爾・高爾五十萬張選票。這是美國史上首次由最高法院出面裁定選舉結果，對許多人來說，這個曾經超越黨派的機構，那一年跌落了神壇。九一一事件時，小布希總統的應變固然慢了一些，但依然做出有力的反擊，然而他的政府後來也陷入了一連串的災難，包含無正當性又歹戲拖棚的伊拉克戰爭、可恥的關塔那摩灣拘押中心（Guantanamo）及阿布格萊布監獄（Abu Ghraib）虐囚事件、卡崔娜颶風後糟糕至極的紐奧良地區救災行動、中情局特工瓦萊莉・普拉姆（Valerie Plame）身分曝光、司法部前所未有的政治化，以及兩度經濟危機，尤其二〇〇八年的危機是自大蕭條以來最為嚴重的一次，美股在一天之內暴跌了將近一千點，一百二十萬個工作機會在那年的十個月之內蒸發。

不僅政治領導者讓人失望，企業領導人更是糟糕。在雷曼兄弟（Lehman Brothers）和大型銀行等曾經受人敬重的機構中，貪腐及不當手法層出不窮，大眾及媒體紛紛疾呼應該要有新的領導者和更全面的管理。雖然也有許多有能力的人，像是大學校長、市政府、州長、非政府組織負責人等等，他們低調地持續運作著各式機構，但由於諸多難以掌控的事件與環境因素使然，社會上確實越來越少出現真正的領導者。

密西根大學（University of Michigan）一位科學家曾列出他所認為的十大世界危機。首先，也是最重要的就是，核武戰爭或核爆事故可能會毀滅全人類；第二個可能的險境則是全球傳染病、疾病、饑荒或經濟蕭條；至於第三個被科學家判定為世界崩壞的關鍵，就是各大組織缺乏品質優良的管理與帶領者。

如今我們還要將全球暖化、貧富差距擴大和國際恐怖主義列入重大危機清單之中，但缺乏領導者仍是揮之不去的威脅。來看一個簡單的事實，全美國共三億三百萬人口*，不可能在沒有人帶領的情況下長期共同生活，也不可能所有人都毫無特定規則地在馬路或高速公路上開車；就連只有十一人的球隊，都無法在沒有四分衛的情況下踢球；甚至一支四個人組成的登山小隊，也必須至少要有其中一個人知道正確方位，隊伍成員才有可能從這個定點爬到另一個定點。

一個人可以孤身在無人帶領的情況下生活在荒島，兩個人如果處得很好，那也可能得以生存甚至有所進步。但只要有三個或以上，那麼就勢必要有人領頭。現在人們對領導者有了更細緻的觀點，已經不再用「獨行俠」或「偉人」的角度來思考，**但無論一個組織如何運作，都會需要有人來分配責任並做出最終決定**。如果荒島上有三個居民，彼此間可能互相輪流擔任領導者，就像Google的三人工程師團隊模式那樣，但總之任何團隊都需要領導者。

因此不得不承認，在一個像現在這樣複雜多變的世道上，勢必要有領導者，世界才能運轉，除此之外**生活品質也取決於領導者的素質**（二〇〇八年那場可怕的經濟危機，就明白提醒了人們這一點）。而且需要不止一位，所有的組織、機

*三億三百萬為截至二〇二二年的全美人口總數。

構都比以往更迫切需要有人帶領，每個社區、公司行號和國家都需要領導者，這種領導力的匱乏也創造了巨大的機會，如果你曾經有過擔任領導者的理想，此時此刻就是實現理想的起點。

為什麼需要領導者？

領導者之所以重要，有三個基本原因。

首先他們負責維繫組織的有效運作，無論是籃球隊、社福機構、電影劇組、影音遊戲製作團隊、汽車廠或是借貸單位，任何一個組織的成敗都仰賴決策者的素質，比如股票價格的漲跌就受到投資人對領導者的看法；而同樣重要的是，領導者要負責團隊招募、組織的目標與願景、工作環境、管理結構、整體士氣、資源配置、管理透明度和道德標準。

其次在過去幾年間，在身處變化和動盪的時代，人們亟需定錨與方向，而優秀的領導者這時就能發揮所長，可以激勵人心，帶領群眾恢復希望。

再者人們普遍對於各大機構的誠信度抱有疑慮。很難想像，過去曾經有一段時間，華爾街曾是個「一人說了算」的地方，而且直到繆里爾・西伯特（Muriel

Siebert）在紐約證券交易所（New York Stock Exchange）獲得成員席位，華爾街幾乎沒有女性。一九八〇年代，華爾街的聲望因為伊凡・博斯基（Ivan Boesky）、邁克爾・米爾肯（Michael Milken）及其他白領犯罪而大受損害，到了二十一世紀的最初幾年間，又因多位執行長的貪婪與欺騙再度重創，這些高高在上的肥貓一邊欺瞞股東和員工，一邊坐領高薪。

後來能源巨頭安隆公司的財務造假，黑心程度之高，連犯罪集團首腦艾爾・卡彭（Al Capone）都望塵莫及，全國上下看著那曾受到高度讚揚的企業領導人踏入刑場，電視新聞不斷播送他戴上手銬從家中被帶走的畫面。緊接著，安全系統公司泰科國際（Tyco International）、英克隆生技以及有線電視業者阿德爾菲亞通訊的高階管理人接連遭到刑事指控，而世界通訊、環球電訊，和許多新經濟時代的昔日明星都陸續因為受到財務相關的不當行為指控而破產。人們大聲疾呼要對董事會、會計做法、高階管理人招募及員工退休計畫進行大規模改革，美國國內自經濟大蕭條以來的商業模式也亟需高度重整。

這些醜聞讓人們感到很不安，尤其這些年來一直致力栽培未來領導人。一些商學院對這一系列事件而迅速做出反應，在課程中增加了安隆和英克隆的案例研究，並增補了道德相關的課程。但顯然並非所有人都從這些案例研究和新版課程中學習到公開透明、問責制度和公平競爭。因為如果都學到了，那二〇〇八年就不會發生次貸危機，當時震盪了全球市場，並為全美公民帶來高達七千億美元的帳單。

問題還不僅限於企業界而已，就連美國的羅馬天主教會也發生了一系列的醜聞，包含神父對兒童和青少年性騷擾。有些神職人員被揭露曾經綁架及虐待兒童，這已經令人非常震驚，但讓人更不安的是，天主教高層的成員早就已經知道這些凌虐事件，卻還加以掩蓋，他們通常會把犯案的神父調到新的教區，但到了新的地方，這些人又開始故技重施。除此之外，美國也沒有任何一所知名大學是完全清白的，就連久負盛名的常春藤聯盟（Ivy League）也曾經發生不法事件，二〇〇二年，普林斯頓大學（Princeton University）的工作人員竟駭入耶魯大學（Yale University）的招生資訊系統，只為了獲取競爭對手的資訊，好搶走頂尖的申請人。

政府機構也有諸多壞事發生。簽證早已過期的恐怖份子竟然還在美國境內的飛行訓練學校繼續上課，同一群人後來駕駛飛機衝撞了世貿中心和五角大廈，全國民眾不禁想問，中情局究竟在做什麼？還不僅如此，中情局內有其中兩名探員多年來一直在當俄國的間諜，整個局裡卻沒有人察覺。聯邦調查局也好不到哪裡去，不但沒能阻止二〇〇一年的恐攻，也任憑隨之而來的致命炭疽攻擊事件發生。也許最令人難以接受的，是聯邦緊急事務管理署（Federal Emergency Management Agency, FEMA）在卡崔娜颶風之後，竟然沒有辦法妥善服務滯留在紐奧良的貧民與弱勢族群，讓屍體漂浮在淹水的街道上數日，無知的官員們卻還在互相吹捧政績。

看到這些萬分悲嘆的事情發生，但我們又能做些什麼？在很大程度上，自身的生活遠比近代歷史上任何一代的人都還要更加忙碌，也更加難以應付。手機和各種即時通訊軟體無所不在，前所未有地被工作所束縛，淹沒在動盪不安、模棱兩可卻又無法逃脫的情境中，當一直被這樣的情境所壓迫，許多人因而極度渴望能夠過上極簡生活。然而如果想解決自己的問題，甚至是社會的問題，就必須能駕馭環境，而想要做到這一點，首先必須要檢視它，**不幸的是，審視自身所處的環境，就像要魚兒看清周遭的水一樣困難。**

一切無時無刻都在變動。

數位科技與全球的競爭使美國商業的型態與方向發生劇變，以及人口結構不斷變化，新的技術可以辨別不同人群的需求並提供服務，這也使得市場發生轉變，小眾市場因而顯得越來越重要，某些傳統行業，比如報紙正徘徊在消亡的邊緣，而「綠色」企業則推陳出新。人們現在就在馬素．麥克魯漢（Marshall McLuhan）所預言的「地球村」裡工作和生活，歐盟的勞工不再受到國界限制，早些時候東歐人大量湧入新興、富裕且高科技的愛爾蘭，等到愛爾蘭經濟開始衰退，在當地工作的波蘭人就回到他們自己國家振興的經濟體系中。

美國的經濟也在波動，近幾十年來有數百萬藍領職業流向海外，然而現在越來越多的白領工作者也開始外流。透過網際網路，就算有對情侶要在美國舉辦婚禮，也可以遠端聘請人在印度的婚禮企畫師；英文流利的東南亞專業人士可以替美國的X光片製作檢查報告，或審閱美國的合約。即時通訊軟體和數位社交網路正在改變政治和經濟的版圖，讓每個地方的市場都變得更加自由，人群也是，就算在緬甸和伊朗的極權國家，網路也能讓不同的意見得以發聲。

透過各種合併和收購流程，跨國大企業越來越多，但其實靈活的小公司反而比傳統大企業更能創造新職缺。如今Google、皮克斯等創意導向的公司都很清楚創意人才的價值，並會優先挑選頂尖的應屆畢業生。反觀曾占主導地位的三大電視網，現在都被大公司收購或控制，他們在競爭日益激烈的領域中爭奪著市場份額，規模較小的有線頻道如HBO和Showtime反而製作出許多優異的原創節目，越來越多觀眾也開始從CNN、Fox、MSNBC和喜劇中心（Comedy Central）等替代頻道獲取新聞資訊，比如喜劇中心旗下的兩大主持人喬恩・史都華（Jon Stewart）和史蒂芬・荷伯（Stephen Colbert）最受多數人的信任，還很擅長諷刺。而由於Tivo和其他預錄設備的出現，觀眾可以隨時觀看喜歡的節目，不需要忍受廣告的虐待，這樣的發展也威脅到商業電視頻道的經濟基礎。

放鬆管制政策則徹底地改變了航空產業，並催生出廉價航空，將泛美航空（Pan Am）等其他老牌航空公司擠出市場。但在二〇〇一年的恐攻中，飛機被當成了空中炸彈，對航空產業造成毀滅般的衝擊，嚴厲的安全措施隨之而來，讓搭飛機變得更加沒有吸引力。二〇〇八年的油價飆升，又導致航空公司必須提高機票的價格、削減航班，並加收燃油附加費及行李托運費，人們為了避免旅行成本大增，越來越多公司開始改採視訊會議，使得本來就已陷入困境的航空業又遭受更大的財務壓力。

美國人口高齡化改變了經濟——當然還有文化，而這些改變現在只能算是剛開始而已。人口結構更是發生了變化，拉丁美洲族裔在美國的影響力越來越大，他們成為歐巴馬勝選的關鍵因素之一，這就是最好的證明。全球化無時無刻形塑著人們的生活，比如美國企業曾經佔有本土及歐洲大部份市場，但如今美國的出版產業或其他商業領域主要都是歐洲人的天下，並且由於歐盟開始發揮確實的影響力，這樣的趨勢可能會一直持續下去。歐洲國家之間的貿易往來越來越頻繁，正是因為歐盟消除了歐洲各國貿易的界線，歐元現在幾乎成為全球通用的貨幣。

此外中國光是因為持有數萬億美元的美債，就足以對美國產生極重大的影響，更遑論在其他領域持續發揮對美國的影響力，中國曾是一個出口國家，但現在已成為擁有十億人口的大市場，進口著世界各地的商品，另外快速的都市化也造成了全球混凝土和鋼筋材料短缺。而當全球試圖找尋方法來平衡經濟成長與溫室氣體排放的矛盾，在這生死攸關的問題上，中國、印度和其他崛起中的巨人全都成了最大的未知數，這些全球進行中的轉變，使得華爾街這個曾經宰制世界經濟的體系，現在已經不再是唯一的核心，也越發受到海外投資者及匯率波動的影響，讓美國公民對他們更是日漸不信任。

這些新的局勢是如此瘋狂，已經不需要再火上加油。前所羅門美邦（Salomon

Smith Barney）分析師朱利斯・瑪迪蒂斯（Julius Maldutis）早在幾年前，就已經預見了這些劇變，他曾說：「我有可靠消息來源指出，達美航空（Delta Air Lines）正在收購美國東方航空（Eastern Air Lines），而美國東方航空正在收購泛美航空。而泛美航空公司已經準備購入聯合航空（United Air Lines），現在坐擁聯合航空的所有現金，美國航空（American Air Lines）的鮑勃・克蘭德爾（Bob Crandall）一直保持極度低調，一旦與機師達成協議之後，就準備要吞下整個航空業。此外，我今天早上和法蘭克・羅倫佐（Frank Lorenzo）談過，他信誓旦旦地說他下一個目標是秘魯和玻利維亞，他要把這兩個國家整合為一個低成本市場。」以上的其中兩間航空公司*現在早已停止營運，在在顯示了整個局勢的變化是如此劇烈。

近幾十年來，商界也遭逢一系列天翻地覆的改變。還記得四十年前未來學家的推測曾經風靡一時嗎？儘管預言滿天飛，卻從未有人預見到日本會在這段時間內，對美國經濟產生如此深遠影響。一九八〇年代的大部份時間裡，日本這座曾

＊美國東方航空成立於一九二六年，至一九九一年停止營運；泛美航空公司成立於一九二七年，至一九九一年停止營運。

經遙遠、擁擠、缺乏基本資源、被二戰摧毀，並一度以製造垃圾聞名的島嶼，竟危及了美國身為經濟霸主的地位。美國人曾以領先世界的知識與技術為傲，畢竟這裡可是愛迪生和福特等發明天才的誕生之地，更認為自己的商業實務是全球最為穩健且成功的，如今卻對自己產生質疑。甚至有段時間，美國人覺得日本人事事都強，他們能設計出吸睛的全新車款，產品更是具有品質保證；在製造與行銷方面，日本很快超越了美國，不只是汽車，還有各式各樣的基本產品，包含電視機甚至是鋼鐵，一直到日本面臨泡沫經濟（一九八六年至一九九一年），美國公司才終於有機會忘卻當年被日本超越的羞恥感。

在二十一世紀，沒有人能預測下一次的經濟劇變將會從何而來。中國、印度、俄羅斯都是竄起的新秀，甚至面積狹小卻極度富有的杜拜都有可能是下一匹黑馬。大多數經濟學家認為，美國正步入已開發國家成長怠速的階段。那麼中東的情況如何呢？美國人盼望自己國家的軍隊在不久的將來能從伊拉克撤出*。同時整個世界都在緊張地關注著伊朗，他們是以色列最大的敵人，並抱持著坐擁核武的野心。此外一種極為暴力的伊斯蘭基本教義派正在興起，並運用先進的技術在西方世界製造混亂，繼續影響著全球政治，使得中東世界的和平越發難以實現。

正如的美國小說家約翰·加德納所指出：「開國元勳在費城起草憲法的那時，美國只有三百萬人口，而這份非凡的法律文件，正是由六位卓越的領導人所撰寫的，他們是華盛頓（Washington）、傑弗遜（Jefferson）、漢密爾頓（Hamilton）、麥迪遜（Madison）、亞當斯（Adams）和富蘭克林（Franklin），他們打造了美國。」

如今這片土地已經有三億三百萬人口，也促使美國人每隔四年都會重新思考一遍，為什麼就連選出兩位優秀的人來帶領我們，都是如此困難。

到底發生了什麼？

十八世紀的美國誕生了多位偉人，十九世紀則有許多冒險家、企業家、發明家、科學家、作家、工業革命巨擘、開發西部的探險家，以及凝聚國族情懷的作家。

- 湯瑪斯·愛迪生（Thomas Edison，發明大王）
- 伊萊·惠特尼（Eli Whitney，以發明軋棉機著稱）

＊美國政府已於二〇一一年十二月自伊拉克撤離全部美軍，宣告戰爭結束。

- 亞歷山大・格雷漢姆・貝爾（Alexander Graham Bell，電話發明者）
- 路易斯與克拉克（Lewis and Clark，美國大西北探險家）
- 霍桑（Nathaniel Hawthorn，最知名著作為《紅字》）
- 梅爾維爾（Herman Melville，《白鯨記》）
- 艾蜜莉・狄更森（Emily Elizabeth Dickinson，美國詩人）
- 惠特曼（Walt Whiman，《草葉集》）
- 馬克・吐溫（Mark Twain，《湯姆歷險記》）

這些人的遠見卓識、無畏無畏的男男女女，建立了美國的基業。二十世紀的美國站在十九世紀前人打下的基礎之上，但是有些地方卻出了嚴重的差錯。第二次世界大戰之後，美國的官僚和管理者、各組織人員，還有精明的商人們，開始重塑公共與私營組織的結構，甚至在某些情況下，對既有的制度造成破壞。

雖然也曾經出現過一些光明，比如民權運動的興起和科技領域的非凡成就，但是即便美國從二戰崛起成為全球最富有、最強大的國家，但到一九七〇年代中期就開始逐漸失去優勢，而這正是因為迷失了方向，忘記了自己曾經的目標。

從一九六〇年代的叛逆，緊接著七〇年代的個人主義，再到八〇年代的雅痞，以及隨後華爾街金童那種「貪婪無罪」的哲學崛起，這些都可以歸因於各組織領導者錯誤與魯莽的帶領。美國彷彿失去了腦袋和心臟，許多人也似乎變得越來越個人主義，越來越無視旁人的存在。

雖然一九六〇年代出現了對美國發展極為重要的民權運動與婦權運動，但多數所謂「突破」最後都還是失敗收場，人們談論著自由和民主，但有時卻太過放縱，甚至成了無政府主義；對於新的想法不太有興趣，反而更關注食譜和無謂的口號。心理學家亞伯拉罕・馬斯洛（Abraham Maslow）和卡爾・羅傑斯（Carl Rogers）曾說：「人們可以創造自己的現實，美國人的確做到了，每個人都剛愎自用按照自己的方式做事。」

在美國人心中，個人權利和公共利益之間一直存有矛盾，比如雖然很愛看單槍匹馬闖蕩西部的獨行俠電影，但心裡其實也知道，除非所有篷車隊伍團結起來，否則根本無法穿越沙漠。如今這種拉扯比以往任何時候都更加強烈，每一次進步與循規蹈矩出現分歧，人們的共識程度就越來越低，正面的價值也越來越少。

美國開國元勳在撰寫憲法時，是假設所有人都具備公共美德，詹姆斯・麥迪遜寫道：「公共利益……大多數人的真正福祉……是值得追尋的最高理想。」

但到了一九二〇年代初，第三十任總統卡爾文・柯立芝（Calvin Coolidge）說：「美國最重要的就是商業」，全國上下一致贊同。公共美德的觀念已經被商業利益取代，而如今商業利益又被個人利益取代。美國不少人現在已經成了羅伯特・貝拉（Robert Bellah）和合著者《心靈的習慣》（*Habits of the Heart*）一書中所描述的那種模樣：「一種放縱、追求療癒的氛圍……使得人們竭盡全力地追求自己的小小世界。」

在過去十年經濟不確定性的打擊之下，許多人退回到他們的數位碉堡，關在家工作，只用電腦和手機與外界交流，他們用通訊軟體和人溝通、獨自一人線上看電影，再用微波爐加熱外送訂購的泰國菜。有些人寧可傳文字訊息，也不願意說話；還有人更喜歡虛擬實境，而不是家門外的世界；還有人花大把時間在《第二人生》（*Second Life*）遊戲上，和其他玩家談起戀愛，導致真正的配偶訴諸離婚。更有許多人都有兩類朋友，一類是真正認識的人，另一類是臉書上大量從未謀面的網友。數位時代之下，人人都開始過起繭居生活。

光是在本世紀之初，美國股票市場已經兩次崩盤，過程中數萬億美元的財富蒸發，但國內的貧富差距依然巨大。中產階級曾經因為備受吹捧的 401(k) 退休福利計畫*和飆升的房屋淨值而對未來充滿信心，但最近一次的崩盤又摧毀了他們的希望；另外越來越多低收入與弱勢族群眼看醫療保健費用飆升，只能無視自己病症，或者節省藥物。而由於害怕再次面臨經濟大蕭條，許多美國人只能繼續做著討厭的工作，否則就會付不出孩子的大學學費，與此同時，社會和環境問題持續困擾著人們，貧困和毒癮使美國底層階級難以翻身，監獄裡人滿為患，而環境問題則讓海平面不斷上升。

有一段時間，九一一事件帶來的集體創傷蓋過了美國人對經濟的擔憂，幾乎所有人都開始審視自己的生活，並重新思考什麼才是生命中最重要的事。雙子星大樓的罹難者在臨終前打電話向愛人與親人道別，他們無法決定自己的命運，無論是留在原地，或者為了逃離現場而從一百層樓往下跳，都同樣必死無疑，而這

---

* 是美國於一九八一年創立一種延後課稅的退休金帳戶計畫，應用於私人公司的僱員，計畫允許雇員劃撥部份薪水至個人的退休帳戶直至離職，劃撥部份多寡可自行決定。

段痛苦的經歷，深深烙進了美國人的意識之中。

這似乎是幾十年來，美國人首度將自己視為一個國家、一個共同體、一個聚焦於民主原則的單一民族。可惜的是恐攻後國內雖然出現團結意識，但人們對國內許多組織的不信任感並沒有因此減輕，政府越來越好戰，不惜一切代價急於要消滅伊拉克「邪惡的核心人物」薩達姆．海珊（Saddam Hussein），許多美國人因而越來越不信任政府，對國家領導人也越來越疏離，並認為政府把消滅恐怖主義當成違反憲法的藉口。開國元勳阿比蓋爾．亞當斯曾說道：「偉大的領導者往往從苦難中誕生。」但事實並非總是如此，九一一事件之後，許多美國人確實渴望受到帶領，更極度渴望回到國家內沒有恐怖主義危機四伏的時候，這個國家確實經歷了一場悲劇，但在這痛苦之中，卻沒能製造出一個共同的願景，美國人依然不知道自己的國家應該是什麼樣子，更不知道該如何實現集體的藍圖，似乎缺乏一位有力的領導者，來帶領民眾描繪未來的模樣。

這就是當時的環境，至少在二〇〇八年之前都是如此，直到一位承諾改革，並帶領人民重新燃起希望的年輕總統歐巴馬當選。十八世紀的先人在費城起草了憲法，十九世紀的繼任者卻吵鬧著要修改，政府機構和大企業中充斥著缺乏遠見的領導人，所有人只能被動地尾隨，這個國家變成了一台巨大的機器，輪子在泥巴裡不斷轉動卻始終無法前進。

這個國家就像第三十四任總統德懷特・艾森豪（Dwight Eisenhower）時代的美國大汽車一樣，顯得太巨大、太笨重，無法好好運轉，更遑論要靈機應變。九一一事件就是最佳證明，美國人震驚又沮喪地發現，國家的安全機構規模如此龐大，效率卻是如此低落，聯邦調查局一直像以往一樣埋頭蒐集資訊，卻不願花點時間更新電腦網路，資訊無法有效共享、分析，導致無法快速採取行動；蘇聯解體後，中情局也沒能徹底改革，不知道自己需要新的外語技能和其他能力來面對新的威脅。這些國安機構從以前就會爭奪主導權，從來不知道怎麼互助合作，當重要情報出現時，可能會因為某個主管專注其他工作，或正在處理手頭的任務，就因此被耽擱了，各單位充滿運作缺陷，再加上他們傲慢地認定壞事不可能會發生，災難果然降臨。

空轉的原因——短視近利

然而好的領導人會分析整體環境，並試圖加以駕馭。

諾曼·李爾（見附錄人物小傳1）是一位創新人士、電視製片兼作家，在收入和創作上都取得了極大的成功。曾經和他碰面，聊了他的生活和工作，還討論了他關心的議題。李爾認為短視近利是「我們這個時代的社會疾病」，他說：「人們只在乎民調結果，不在乎什麼對國家和未來才是最好的，多數人只想知道自己要怎要快速達到目的。」**他提出商業利益就是人們短視近利的成因**。

李爾繼續說道：「文學家約瑟夫·坎貝爾（Joseph Campbell）曾說，中世紀的人來到城市，目光就會被大教堂吸引住。如今，這時代的人眼中只看得到商業大樓，滿口都是生意，而且越來越嚴重，短視近利的情況也越演越烈……你知道嗎，沒有人會想要幫助真正願意突破的人、真正的創新者，因為那有風險，因為這是一種長期投資。」

我認為李爾說得很對，商界可說是當代美國的主要塑造者與推動者，甚至早已超越電視產業的地位，然而諷刺的是，他們不遺餘力實踐自己認定的理念，卻反而作繭自縛了。他們一邊畫出誘人的大餅來抓住整個國家的心靈與思想，一邊把自己鎖在過時的作風裡，當年企業領導人各個叱吒風雲，到了當新經濟開始衰退，這些商業領袖們也逐漸失寵，然而當我們對這些企業超級明星阿諛奉承之際，是否曾經認真思考過：「在這些成功大企業裡，又有幾位真正有實力的領導者？」

這些所謂的領導者之中，是否有些人像童話故事那樣虛幻，他們的實力是否如同假帳本般不實？

獵頭公司光輝國際（Korn/Ferry International）的前總裁暨聯合創辦人理查・費瑞（Richard Ferry，見附錄人物小傳2）早在二十年前就談過短視近利的問題，而他的觀察在今日同樣適用：「美國企業總愛說大話，成天高談闊論著如何在二十一世紀取得成功，但進入真正決策階段時，**所有人都只關注下一季的收益數字**，所有人都只為眼前的收入努力。若用這種心態做事，就會什麼也不在乎，眼中只有下一季的盈利。我們就像站在一台跑步機上，整個國家都短視近利。」

當如此沉迷於短期的利益，使這不斷變化的世界成了一個定格鏡頭，人們看不到它正在萎縮、升溫、變得充滿敵意和貪婪，無論政治、社會和經濟層面皆是如此。

正如美國的先祖曾經挑戰英國的統治地位，如今中國、日本和韓國，甚至整個歐洲、斯堪地那維亞半島和澳洲都開始挑戰美國企業的霸主地位，阿拉伯國家也開始收回他們的石油主導權。這些竄起的新秀們，正挑戰美國人一手建立的遊戲規則，在製造與行銷領域中讓美國節節敗退。最重要的是，日本認為市場才是真正的戰場，貿易不僅僅是一種終極武器，更是國家安全的真正根本。前蘇聯各國也意識到正是貿易壓倒了意識形態，才導致整個聯邦解體，而這正是為什麼如今捷克共和國及其他前蘇聯國家積極需求加入歐盟，以確保他們的自身利益。

也許是亞洲與歐洲各國比美國年長了好幾個世紀，他們比美國更成熟、更明智，知道政治制度總會改變、意識形態總會更迭，人類真正的基本需求是經濟需求，而非政治需求，人類的本性就是如此。

有些美國人至今仍然沉迷在草草了事與賺快錢的舊習之中，他們還沒發現當今新的底線就是沒有底線，沒有任何規則、任何極限或邏輯。在這個動盪又複雜的星球之上，生活已不再是線性而有序的，再也沒有真正的前因後果，一切都是偶發、矛盾、出乎意料且模棱兩可的，事情不會按照計畫發生，也不會再有整齊劃一的規則可循。此時人們應該反思一切，然而卻還是緊緊守著從前那種簡單明瞭的答案。

知名詩人華勒斯・史蒂文斯（Wallace Stevens）身兼保險公司副總裁，他曾在〈六大景觀〉（*Six Significant Landscapes*）一詩中寫道：

理性主義者，戴著方形的帽子，
在方形的房間裡思考，
看著地板，
看著天花板。
他們將自己限縮成為直角三角形。
如果他們嘗試變成菱形，
圓錐、曲線或橢圓——
還有如半月般的橢圓——
理性主義者就會戴上墨西哥闊邊帽。

對美國來說，是時候摘掉方帽的死板、換上墨西哥闊邊帽或貝雷帽了，人們必須思考這個新的環境。正如李爾說的：「小人物也可以成就大事……一個小小公民對這個國家也能舉足輕重。」

如今領導者的機會是無限的，但挑戰也是無限的。那些最優秀、最聰明的人，一定就像過去的領導者那樣聰慧、創新、能幹，但通往頂峰的道路卻比以往任何時候都更加艱難、棘手，而頂峰本身也可能會比聖母峰還要更加崎嶇與危險。**但是登頂並非唯一的目標，若想攀上新的高峰，當今的領導者必須時時調整自己。**

或許有時會覺得自己至少已經走過了大半蜿蜒的路程，甚至正通往徹底的混沌，僅管大環境變動劇列，但如果身在其中之人顧自前進，像魚兒看不見水一樣無視周遭狀態，那麼歸根究底，環境其實根本沒有改變。換句話說，目前的社會氛圍還延續著過往的舊習，因而創造出一整代守舊的管理者。

正如近期所見，太多企業主管只是當了老闆，卻沒有成為一個有實力的領導者，這類人讓整個美國陷入了目前的困境。更諷刺的是，這些老闆就如同當今層出不窮的企業醜聞，都只是時代的產物，他們就是整個環境造就出來的，不斷盲目地往前衝，卻不知道目的地。

因此成為領導者的第一步，就是是駕馭環境，**要當個突破現狀的人，而不是創造出同樣的情境；認清眼前的情況是一攤泥濘，而不是自己的跳板；要終結當下的負面循環，而非重新進入同樣的狀態，然後要公開表明你要走的路。**

向環境屈服的艾德

講述完以上的大環境脈絡之後，我實在想跳過下一個步驟，直接開始聊聊能夠駕馭環境的人。畢竟成功比失敗更動人，無論只是在一旁側寫別人成功的故事，或者自己過著成功的人生。除此之外人們早就已經知道失敗的滋味，因為我們無法在生活中獲取所有自己想要的東西，然而這本書最重要的主題之一就是從失敗中學習，所以這個命題將不斷被提起。來看以下的案例，故事的主人翁就化名為艾德，關於一個無法走出困境的人，以及背後的原因。

艾德出生於紐約布魯克林的藍領階級家庭，他聰明、重滿雄心壯志，一心一意想要追求成功。高中一畢業就先去一間工廠上班，大學則就讀夜校，他孜孜不倦地學習，終於拿到會計學位，之後甚至從工人的職位晉升到工廠的管理階層。短短幾年間他力爭上游，成果甚至超越了一些企管碩士同儕，證明了自己不僅工作努力、積極進取，而且還是一個有才華的實務家。他的效率極高、精明能幹、性格堅韌，最終還被任命為工廠的副總裁。

與艾德共事的人都說他很會做事，不僅很清楚公司各項事物運作的方式，更有能力讓事情有效運轉，必要時刻也會果斷地裁撤一些無用的人事物。艾德不是一個隨和的人，但這正是老闆喜歡的那種員工（公司多數高階管理人員都是男性，這似乎也不令人意外），對公司百分之百忠誠，總是自願甚至渴望多做一些工作，如果同事沒有像他一樣投入，他就會表現得很不耐煩。

艾德的能力，以及付出的幹勁和韌性，使他在一九八〇年代和九〇年代爬到了夢想中的高位，展露的外在形象及商業手腕，沒有人會猜到他出身於貧窮的南布魯克林區或者大學是念夜間部。

事實上他自己幾乎也忘記了這些，他的外在、穿著和言行舉止都和他的上司十分相像；他美麗又忠誠的妻子，她的外在、穿著和言行舉止也全都和他主管們的妻子很相像；還有兩個英俊又得體的兒子，一家人住在西徹斯特郡一座豪宅，有管家替他們打理生活，前景一片大好。

不過，這家公司總裁五十多歲，和艾德年紀相當，但絲毫沒有要退位的打算。就在艾德為此開始焦躁不安的時候，同行的一間家族企業正在尋找新血。

創辦人的孫子巴克斯特，也就是時任執行長，正考慮要退休但卻沒有人能接棒，因此他想找個人來擔任副總裁，多加了解對方後屆時如果一切順利，就會在兩到三年內交接。這間公司總部位在明尼亞波里斯（Minneapolis），但高階獵頭公司找上了人在紐約的艾德，對他來說這個機會是通往職涯巔峰的捷徑。

在跳槽這件事情上，他的效率可不亞於其他任何事，很快地就舉家搬進位於總部附近一間更大也更好的房子裡，屋內能縱覽戶外的湖泊美景，艾德也馬上適應了美國中西部較慢的生活節奏。若要說有什麼地方和以前不同，那就是處事風格更加強硬，對於那些無法取悅他的人，他也變得更加嚴厲；辦公室裡那些做事隨興的當地同事，都在私下取笑他，並幫艾德取了個綽號叫「布魯克林轟炸機」，但表面上還是絕對服從他的命令。

艾德進公司大約一年之後，執行長找他一起去吃午餐，並邀請他擔任營運長的工作。艾德非常高興但內心並不驚訝，因為沒有人比他更努力工作、更了解這家公司，也沒有人比他更值得管理這個地方，距離最高職務現在就只剩下最後一哩路了。巴克斯特和艾德並肩努力，形成強大的團隊，和藹可親、鼓舞人心的巴克斯特領導著公司，而前所未有的鐵血艾德，則負責執行具體的細節和一些吃力不討好的工作。

巴克斯特認為艾德確實是他退休後的交棒對象，因此他向身為董事會成員的家人們宣佈了這個決定。就在那時艾德首度遇到了他無法克服的困難，家族董事會的某些成員對巴克斯特說，艾德處事太過嚴厲，對同事太過粗暴，除非他提高自己的「人際往來能力」，否則不會同意這項任命。

巴克斯特把這個壞消息告訴了艾德，不只是艾德大受打擊，執行長自己也是。巴克斯特真的很想退休，而且他早已認定艾德擔任接棒者，但現在原本井然有序的培養計畫突然間亂了套。就在這時，巴克斯特打電話給一位朋友，輾轉推薦了我去擔任他的顧問，聽完這番困境後，徵詢我是否願意幫助艾德改進人際互動能力，他說艾德願意進最大努力保住接班的位置。

經過一番交談和思考，我同意了，雖然有疑慮但這是一項有趣的任務，而我自己手上也有其他業務能帶去明尼亞波里斯完成，並不需要徹底重新安排生活。但即便如此我還是想知道，是否真的有人能改變一個五十五歲男人的根本性格。

我見到了艾德本人後，花了幾天時間跟在他身旁，觀察他做事的內容和方法。接下來，我去面訪所有和艾德一起工作的夥伴，還幫他做了一系列性格測驗。

人們當然都會以自身利益為考量，急於退休的巴克斯特希望他的繼任者能盡快到位，而頑固的董事會成員也想要趕快解決這件事，無論我是否能成功改善艾德的處事風格，我都必須給他們一個答覆。除此之外艾德則是非常配合，因為他很想要得到這份工作。

過了一段時間，我明白每個人對艾德的描述都是真的。他相當能幹、有野心，但同時也是位鐵血暴君；他很容易衝動地辱罵部屬，導致同事在他面前會變得畏畏縮縮；他急於掌控一切人事物，也不會為良好的成果而感謝團隊的付出，甚至不會讚美別人，而且態度上存有性別歧視。

但艾德處理起自己的問題時就像處理其他事務般，用最快的速度、動用身邊所有的資源來達成目標。在我和他共事的過程中，他的確變得更容易相處了，會試著磨平自己粗糙的棱角，變得不那麼粗魯且更有禮貌，用調整公司的方式調整了他自己，這是件好事。

但壞消息是，就算艾德盡了最大努力，他的同事仍然想和他保持距離，他們始終不信任這位「新」的艾德。董事會也依然意見分歧，部份喜歡「舊」艾德的成員，認為他過去嚴肅的手腕很出色，對他現在那種溫和的舉止很吃驚；至於原本阻撓艾德晉升的董事們，現在又找到了新的理由，他們認為就算他有衝勁和能力，卻缺乏遠見和品格。

我相信在領導者身上，性格與幹勁和能力同樣重要，所以我不得不同意董事們的觀點。我無法幫助艾德扭轉性格，他只能靠自己去體悟，正如我過往所強調的：**「領導者光是把事情做好是不夠的，他必須做對的事。」**此外一個對組織沒有願景的領導者，並不是一個好的領導者，我毫不懷疑艾德管理公司的能力，但確實質疑他能將公司帶向哪裡。

雖然我對艾德的進步印象深刻，但實在無法推薦他擔任執行長，我把原因告訴了艾德，之後也向巴克斯特和董事會做出說明，而我發現，巴克斯特其實如釋重負。儘管他的確需要艾德這樣的人來幫助經營公司，但他內心也知道董事會是對的，這個歷經三代的家族企業現在岌岌可危，他們更需深思熟慮交棒的對象。於是巴克斯特和艾德繼續負責原來職務，直到找到合適的接班人選，最後巴克斯特退休了，艾德也辭職了。

如果這是一部電影，艾德最後一定會來個大逆轉，獲得心目中的職位，但是現實生活畢竟不是電影，英雄和反派都沒有那麼極端。事實上我認為艾德既不是英雄，也不是反派，他只是一個受害者，一個認為自己白手起家的人，但實際上是在錯誤的企業文化中，模仿了錯誤的榜樣。

他以強悍的街頭男孩之姿踏入商界，來自貧困地區而一心要取得成功，態度極具野心又十分勤奮，但最終只變成了主流風氣下的另一個產物，無論他原本是什麼樣的性格，也無論本來是否有遠見，都在這一路上被消磨殆盡了。

或許艾德學過如何領導。當然，他剛到工廠起步時，或許曾經對未來的生活充滿熱誠，但後來慢慢踏入了這個弱肉強食的世界，所有人都追求著自我證明並獲得獎勵，卻無法表達自我。為了證明自己是這個體系的理想僕人，艾德無法充分發揮自我，反而是完全聽命於雇主安排，當受到體系驅動，再去驅動其他人，成為這個體系下完美的主管。然而最後他無法適應另一套公司的氛圍，在那裡願景和性格都至關重要。

我後來整理這個案子時，發現董事會其實很重視以下五點：技術能力（艾德具備）、人際關係的技巧、概念技巧（指想像力與創造力）、判斷力與鑑賞力，以及性格。正如他們最初告訴我的，他們不是只在乎人際往來的技能，因此即使艾德努力改善這個領域，也無法獲得董事會成員的支持，還是會質疑他的判斷力和性格，並且無法信任。

歷經這次的失敗之後，艾德現在是亞特蘭大一間知名製造廠的董事長兼執行長，他備受肯定，然而不僅是因為自己一路上的努力，為巴克斯特工作的履歷也替他加分不少。可惜的是，艾德在亞特蘭大努力工作，卻始終無法催生出新產品或締造出新的收益，他自己可能會覺得這一切難以理解，除非可以從失敗中汲取教訓，並選擇踏上更艱難的旅程，開始改變自己。但因為他與我斷絕了聯絡，所以我無法得知故事的後續。

我們都知道，「艾德」這一類的人，通常傾向依從主流而不是成為例外。然而正如我接下來要說的另一個故事，取得成功的人通常會去做一些艾德這一類人不敢做的事，他們有能力打破規則、超越環境，並真的加以實踐。

李爾的成功四部曲

我接下來要說的是諾曼・李爾的故事，他正好彰顯了艾德沒有成功的原因。在電視的黃金時代，他以喜劇作家的身分踏入產業，為《高露潔喜劇時間》（*The Colgate Comedy Hour*）、《喬治・戈布林秀》（*The George Gobel Show*）和《瑪莎・蕾伊秀》（*The Martha Raye Show*）等節目寫腳本。他也身兼導演，一九五九年，李爾和巴德・約金（Bud Yorkin）創立了串聯製片公司（Tandem Productions），與弗雷・亞斯坦（Fred Astaire）、傑克・班尼（Jack Benny）、丹尼・凱伊（Danny Kaye）、卡蘿爾・錢寧（Carol Channing）和亨利・方達（Henry Fonda）等明星，共同打造出許多電視節目。串聯製片公司也製作了一些電影長片，包含《吹響號角》（*Come Blow Your Horn*）、《春色滿瀛臺》（*The Night They Raided Minsky's*）、《沒有我的革命》（*Start the Revolution Without Me*）及《戒菸奇談》（*Cold Turkey*）。《美式離婚》（*Divorce: American Style*）曾獲得一九六七年奧斯卡提名，劇本就是他寫的。一九七一年，他和串聯製片公司隨著電視劇《一家子》（*All in the Family*）的成功而更上一層樓，創造了令人難忘的阿爾奇・邦克（Archie Bunker）這個角色。後來他的其他作品《桑福德父子》（*Sanford and Son*）、《莫德》（*Maude*）、《傑弗遜一家》（*The Jeffersons*）、《活在當下》*(Day at a Time)*及《瑪麗・哈特曼》（*Mary Hartman, Mary Hartman*）等也成績斐然，徹底改變了電視產業，在嬉笑怒罵間，一針見血地批判了美國社會。

極具聲望的劇作家帕迪・查耶夫斯基（Paddy Chayefsky）曾評價道：「諾曼・李爾改變了電視劇裡千篇一律的角色，比如那些昏庸的妻子和愚蠢的父親，也改變了皮條客、妓女、騙子、私家偵探、癮君子、牛仔和偷馬賊的亂象，他寫出了真正的美國老百姓，把觀眾群像帶進了片場。」

李爾對電視的發展做出了極大的貢獻，他的節目不僅受到歡迎，更不畏爭議地探討墮胎與歧視等當時的禁忌話題。然而一開始其實沒有電視台想播出《一家子》，美國廣播公司（ABC）拒絕了，哥倫比亞廣播公司（CBS）勉強播出，有段時間幾乎沒有人看，幸運的是CBS堅持了下來。李爾不僅駕馭了大環境，還徹底改變了生態。

從一九七一年到一九八二年連續十一季中，每一季都至少有一部李爾製作的情景喜劇進入黃金時段節目的收視前十名；在一九七四年至七五年間，前十名中更是有五名是李爾的作品；一九八六年十一月，在所有非獨家重播的節目之中，前九名情境喜劇也有五部是出自他手。李爾所製作的節目，有百分之六十都在試播集做完後就被預訂了一整季，是業界平均值的兩倍，甚至這些節目在聯播網首播之後，又有其中三分之一都會成為非獨家重播的大熱門選擇，是業界平均值的三倍。

李爾的職業生涯充滿了**創新和冒險**，也證明了這兩種特質的確發揮功效，他的創造力不僅掀起風潮，也賺進大把鈔票。當美國編劇工會（Writers Guild of

America）在一九八八年三月罷工時，這位徹底改變整個產業的人、這位千萬富翁、廣電先驅與領導者，也選擇和他的編劇同行們一起走上前線，致力投身於改革之中。

李爾身兼作家、製片、生意人和社運家，他是非營利組織「美國人民之路」（People for the American Way）的聯合創辦人，致力推動公民權利與自由。因為在每個領域都很傑出，就連總統候選人和其他政治人物都會找他諮詢，也持續用各種不同的方式為美國公民的生活做出貢獻，二〇〇〇年，他和網路企業家大衛・海登（David Hayden）以創下紀錄的七百四十萬美元買下《獨立宣言》（*Declaration of Independence*）的原版，並宣佈要開放公共閱覽。他還捐贈五百多萬美元，在南加州大學建立了一個跨領域研究中心，用於研究「娛樂、商業與社會的結合」，這座研究中心以他為名，不僅專精學術研究，也協助制訂公共政策。

李爾的故事就是美國夢的實現，彷彿來自美國淘金熱代表作家阿爾森（Horatio Alger）的小說情節，唯一不同的是，他沒娶老闆的女兒。從白手起家，到變得非常富裕以及具有影響力，事實上他的生活就是電視劇和電影的最佳素材，他的成就證明了充分自我表達是有效的。

李爾成功駕馭環境的過程，背後有四個步驟：

一、自我表達。

二、傾聽內心的聲音。

三、向良師益友學習。

四、遵循遠大願景的引導。

他告訴了我一個高中時代的故事，解釋這四個步驟。高中時，李爾就深受文豪愛默生《談自立》（*Self-Reliance*）這本書的影響。愛默生談到：「要傾聽並跟隨自己內心的聲音，不要去依從相反的東西。不知道是從什麼時候開始，我就明白內心的聲音是很神聖的……雖然我也承認我並不是無時無刻都會聽從自己的內心，但那真的是我們最純粹也最真實的部份。如果放棄了自己的想法和觀點，最終他們就會變成別人的東西，讓你覺得很陌生，而且被人宰制。所以我學到的教訓是，要相信自己，**讓我表現得最好的時刻，都是來自於傾聽內心的聲音。**」

傾聽並相信自己內心的聲音，是培養領導力最重要的課題之一，我認為這真的極為重要，因此之後會用一整張的篇幅來加以說明。

李爾也談到了他人生中其他重要的人物。「很久之前，我的祖父就告訴我，你也可以有影響力。我九歲到十二歲時都和他住在一起，他習慣寫信，而我是每封信的忠實讀者。祖父寫道：『親愛的總統先生，當人民表達心聲的時候，你是否有聽到』？或者，如果他不同意總統的做法，他就會寫說：『親愛的總統先生，你不該這麼做』。每天我都會跑下四層樓梯，來到黃銅製的信箱前拿取郵件，我心中總是激動不已，因為我會拿到一個白色的小信封，上面寫著『白宮』，不敢相信白宮真的回信給爺爺。」

「我的父親在口袋和帽邊總是放著一些紙片，他就靠著紙片來管理一切。因為他是一個做起事來總是手忙腳亂的人，因為永遠沒有條理，導致入不敷出；不過反過來看，我還是從他身上學會了要做好準備並腳踏實地的教訓。父親幻想著要在兩週內賺到一百萬美金，只不過從來沒有做到，但他一直這樣相信從未停止，全情地投入人生，就像喜劇人物一樣笨拙，歪著頭、踏著步前進。」

李爾和他父親一樣，**也從未停止相信自己，全情投入人生**。他告訴我：「首先最重要的就是，要了解自己是什麼樣的人，並成為那樣的人，做自己而不要失去自我。做自己真的很難，畢竟環境似乎不允許我們這樣。」然而李爾的經歷證明，這是真正通往成功的方法。

李爾擁有具備方向的願景以及對自己的信念，相信可以創造一番作為，這樣的願景讓他駕馭了電視產業的環境。在這個環境中，許多傳統的製片人只會複製上一季的熱門節目，盡可能減少節目內容的爭議，並依附著最低的門檻來謀求生存。除此之外這個產業一般只有短短五年的黃金生涯，然而他不僅登上顛峰，二十年來還始終屹立不搖，正是因為他製作出原創性十足的節目，才得以達到這樣的成果，在故步自封的競爭對手之間，以鮮明的特色脫穎而出。即使新節目沒有立刻大紅，他也願意接受別人的非議，而且李爾的成功也讓其他出色的節目擁有重生的機會。毫不誇張地說，如果沒有李爾和《一家子》，就沒有後來的《超級製作人》（*30 Rock*）、《我家也有大明星》（*Entourage*）和《夢魘殺魔》（*Dexter*）等備受讚譽的原創節目。

當然，李爾是極端的特例，他不僅駕馭了環境，還成為新環境的創造者，很少人能夠比擬他的成就。但各行各業都會有李爾這樣的人，無論身在何處，這種人都能駕馭環境並總是能與周遭環境抗衡。比如，長期以來，科學家瑪蒂爾德·克里姆（Mathilde Krim，見附錄人物小傳3）一直是研究愛滋病的先鋒，她說：「我無法容忍官僚的作風。**制度應該要為人服務**，但不幸的是，現實往往相反，人們反過來順服制度，成為舊習、慣例和規則的囚犯，最終都變得沒有效率。」

如果我們大多數人都像艾德一樣，變成所處環境的產物，那就會臣服於無用的陋習、慣例和規則。因此應該要李爾一樣，不僅挑戰和駕馭環境，還要從根本上改變環境。

改變的第一步，就是拒絕任憑擺佈，重新掌握自己。

Chapter 2

領導者與管理者，根本大不同

當我們檢視領導理論的脈絡，總會看到各種「特質」或「偉人」理論，還有一系列「情境主義」的論述，各種有關領導風格、功能型領導，以及無為而治的闡述，更不用說尚有官僚型、魅力型、團體導向型、現實導向型、目標導向等討論。關於領導力的辯證與分歧，幾乎就像撫養孩子的過程一般曲折，用葛楚．史坦（Gertrude Stein）的話來總結，那就是：「每個領導者都是其他領導者的追隨者」。

——《管理科學季刊》（*Administrative Science Quarterly*）

領導者的類型包羅萬象，高的、矮的、整齊、邋遢、年輕、年老、男性和女性都有。話雖如此，他們似乎都有以下一些共同特徵：

- **第一個基本要素是有方向的願景**（Guiding Vision）。領導者清楚知道自己想要做些什麼，無論是職業或個人層面，面對挫折甚至是失敗時，也有堅持下去的力量。一定要清楚自己的方向以及想要通往這個目標的原因，否則就會永遠達不到目的地。諾曼·李爾的故事就是一個很好的證明，他有方向也有願景。
- **第二個基本要素是熱誠**（Passion），對生活、職業、專業、行動過程的熱誠。領導者熱愛他們正在做的事情本身，並熱愛為此採取行動。作家托爾斯泰（Tolstoy）說：「希望就是清醒之人的夢。」沒有希望，人們就無法生存，更不用說進步。擁有熱誠的領導者能帶給其他人希望和啟發，這樣的特質往往會有不同的變化，有時它會讓人徹底投入其中，例如熱血（Enthusiasm），在第八章還會談到讓「所有人站在你這邊」。
- **第三個基本要素是健全的人格**（Integrity）。我認為健全的人格是由三個部份組成的：認識自己、坦誠與成熟。

① **認識自己**是希臘神話〈德爾斐神諭〉（*Oracle at Delphi*）的核心，至今這依然是每個人所面臨最困難的任務。然而唯有真正了解自己、明白自身的優劣勢、目標與動機，否則連成功的邊緣都碰不到。領導者不會自我欺騙，也尤其不會刻意迴避自身的條件，反而是清楚自己優缺點，並會加以運用或改善。唯有知道自己是由哪些原料構成，以及如何發揮這些成份，就能創造出更好的自我。

② **坦誠**是自知的關鍵。坦誠的意思，就是在思想和行為上都誠實，堅定不移地恪守原則。如果一個建築師在包浩斯式玻璃建築加上維多利亞風格的穹頂，不能算是專業建築師；同樣的，一個人不該為了取悅他人而改變自己的原則，甚至改變想法。就如同劇作家麗蓮·海爾曼（Lillian Hellman）一樣*，領導者不能因為一時的跟風，而捨棄自己的專業或泯滅良心。

---

* 美國著名左翼作家，劇作家，電影劇作家，所寫劇本因勇於揭發美國政府縱容希特勒和墨索里尼的真相，而在一九五〇年代被列入好萊塢黑名單。

③**成熟**對領導者而言也很重要，因為帶領他人不僅僅是指路或發號施令，每個領導者都需要經驗與成長，要學會奉獻、善於觀察、能夠與他人合作、向他人學習，更要不卑不亢、永遠誠實。領導者自己擁有這些特質之後，才能去鼓舞其他人也追尋這些優點。

- **第四個基本要素是信任**（Trust），與其說信任是構成領導力的一部份，不如說是它的成果。我們無法直接取得他人的信任，而是必須去努力爭取，信任來自於同事和追隨者，少了它，領導者就無法有所發揮。
- **最後兩個基本要素，就是好奇心和膽識**（Curiosity and Daring）。領導者對所有事都感到好奇，想要盡可能多加學習，也願意冒險、實驗，去嘗試新的事物。他們不擔心失敗反而會擁抱錯誤，知道如何從中汲取教訓。從逆境中學習也是本書不斷討論的另一個主題，經常以不同的方式出現，實際上書中的每一種基本要素都是如此。

雖然我把這些特質描述為「基本要素」，但意思並不是說這些要素是與生俱來或者無法改變的。歷史上有無數遭到廢黜的國王，也有許多無能的富二代，他們都證明了真正的領導者並非天生，而是必須透過後天培養，好的領導者甚至經常是白手起家的，他們把自己精進為一位領導者。附帶一提，那種僅為期一個週末的領導訓練課程，是不可能培養出成功領導者的，我總認為，多數人都把那種課程當成微波爐，以為把一個普通人丟進去，加熱六十秒之後就能端出一位偉人。

想成為領導者的人，每年花數十億美元在這類課程上，許多大企業甚至有籌辦領導力開發課程，然而美國企業還是失去了全球市場的領導地位。我個人主張，更多領導者是偶然、環境、純然的勇氣或意志力造就的，而不是光靠這些課程就能夠達成。領導力課程只能教授技巧，但無法塑造個性或遠見；實際上他們也沒試過要教你這些。**但發展個性和遠見，是把自己塑造為領導者的最佳方式。**

轉變與突破

小羅斯福總統從政治家轉變為領袖的過程中，最嚴峻的考驗就是經濟大蕭條，他在任職內逝世之後，杜魯門補位，但真正讓杜魯門成為領袖的，則是他的毅力。而艾森豪是唯一的五星上將總統，原本被共和黨大佬們低估以為只會打仗，但他成功將自己提升為一位偉大的領導人。又或者甘迺迪在芝加哥市長理查・戴利

（Richard Daley）的幫助下入主白宮，但他在白宮展露的光芒也是靠自己的爭取來的。無論你喜不喜歡他們，小羅斯福、杜魯門、艾森豪和甘迺迪都是真正的領袖。

杜魯門從未視自己為領袖，繼任成為總統時，他可能跟其他人一樣錯愕；艾森豪是位優秀的軍人，幸運地帶領了一批更加優秀的士兵，這些部屬幫助他取得軍事和政治上的成功；而用當時的話來說，小羅斯福和甘迺迪雖然是富家子弟，卻一反權貴作風，成為了人民的英雄。這些領導人的成功都是來自於自己的努力，杜魯門和艾森豪是典型的小鎮男孩，卻一路爬升到顛峰，而小羅斯福和甘迺迪來自有權有勢的家庭，在世俗且傳統的教育下長大，但改造了自身與他們的世界。

當然，並非所有白手起家者都是好領袖。林登．詹森（Lyndon Johnson）、理查．尼克森（Richard Nixon）和吉米．卡特都算是白手起家，卻沒能贏得百姓的心，或啟發人們的思想，也沒能成為好的國家領導人。

這三個人都很能幹，但是他們也眼高手低。詹森總統想要建立一個偉大的社會，卻反而打了一場糟糕的戰爭（編按，指越戰）；而比起領導百姓，尼克森總統更想統治我們；至於卡特，他似乎不知道自己想要什麼，只知道坐上白宮大位。

綜覽這些情況，就可以知道他們的思想似乎都是封閉的，至少對百姓封閉，也許也對自己封閉了。無論他們原本有什麼樣的願景，似乎都沒有傳達出來（詹森也許是功敗垂成）。他們言行不一，而且似乎把全美國人民都視為敵營的人，當民眾質疑越南戰爭時，詹森總統竟質疑民眾對國家的忠誠；尼克森甚至有一份黑名單；卡特還指責老百姓愛裝病。

身為總統，這三個人都被局勢牽著鼻子走而不是帶領國家，並且他們似乎都被困在自身的陰影中，無法忘懷過去，沉浸在兒時的貧困陰影，無法正視自己後來的成功。也就是說他們沒有成就自我，是自身歷史的產物然而也被自身的歷史摧毀。

美國前國務卿亨利・季辛吉（Henry Kissinger）曾經與甘迺迪共事，後來也因此結識了杜魯門。當他被問到從這些總統身上學到了些什麼？他回答：「**這些總統不會糾結於自己的侷限性，而是專注於可能性，因而能成就大事。**」他們將過往的陰影拋諸腦後，正視未來。

小羅斯福和甘迺迪開創出全新的格局，進而獲得了自主與自由，但詹森和尼克森，無論他們從貧困的起點走了多遠，也無論爬得多高，他們依然是自身過往的囚徒；小羅斯福、杜魯門、艾森豪和甘迺迪創造了自己，也開創了未來，而詹森和尼克森僅是自身歷史的產物，他們把過往不堪的經驗加諸於現在，讓未來烏雲罩頂。**優秀的領導者會吸引全世界的目光，差勁的領導者則試圖欺騙全世界。**

至於卡特總統，他在任時期雖然沒有鮮明的建樹，但後來將自己重塑為一名國際和平的締造者。一九八〇年，他的連任註定失敗，因為伊朗人質危機*，加上他的基督教信仰太過狂熱，比起擔任美國總統，那難以動搖的宗教信念，似乎讓他更適合成為一名近乎神聖的和平大使。後來的卡特成為鼓舞人心的和平象徵，讓人們看見像他這樣的前總統，曾經獲得又失去了巨大的權力，也能夠取得美好的成就。在妻子羅莎琳的支持下，卡特透過國際慈善機構「仁人家園」（Habitat for Humanity）為貧民建造新居，有必要的時候，他也會不辭千里地搭飛機到偏遠地帶去監督選舉和保障人權。有些人認為他的努力太天真，但更多人將這些作為視為真正道德領導的證明，因此他於二〇〇二年獲得了諾貝爾和平獎。

卡特一九八一年離開白宮之後，有好幾位白手起家的人曾經坐鎮白宮，比如隆納．雷根，或是比爾．柯林頓，當然也不乏權貴人士，像是老布希和他兒子小布希。雷根是第一位當上總統的好萊塢演員，他證明了領導力在很大程度上，其實是一種行為藝術。他贏得了「不沾鍋總統」的美譽，主要來自於他面對伊朗軍售醜聞的方式，以及應對一九八七年十月十九日股市崩盤時所採取的經濟政策，仍表現出迷人的風範，並且全身而退。雷根所散發的和藹可親是否發自肺腑，其實我們永遠不得而知，但他確實是一個白手起家的成功典範，言行舉止都顯得十分真誠，不帶有虛偽之感，使他成為近代史上最受歡迎的總統之一。

老布希是美國的上流社會人士，不過家族勢力比小羅斯福或甘迺迪遜色得多，但和雷根一樣，他也是最後一位在二戰考驗中發跡的美國總統，戰時他是一名非常年輕的飛行員，獲得了許多勳章。由於抵禦伊拉克的海珊政權，他在選舉中獲得了史上最高的支持率，而且在任期之內，被雷根總統稱之為「邪惡帝國」的蘇聯於一九九一年解體。但老布希最終還是因為無法放下自己的權貴血統而失敗了，美國民眾永遠忘不了他在超市結帳櫃台條碼機前所露出的狐疑神情，這件事也讓他在一九九二年的總統大選中敗給柯林頓。選民不介意你讀的是貴族學校，但如

＊一九七九年伊朗爆發伊斯蘭革命後，美國駐伊朗大使館被占領，六十六名美國外交官和平民被扣留為人質。

果你不了解民間疾苦，那絕對是不可饒恕的罪過。

柯林頓是個孤兒，白手起家並於一九九二年成功入主白宮，讓人民相信自己的國家還有「希望」，彷彿小說一般，柯林頓的出生之地，正好在阿肯色州一個名為「希望」的城市。他嶄露聰明與魅力，也有協調的手腕，這正是成為偉大總統所需要的一切特質，但卻偏偏少了強大的道德感。他的案例堪稱是經典的英雄悲劇，被自己的缺陷徹底擊敗，在兩個任期間，柯林頓都被保守派人士緊緊逼迫著，但他仍然堅毅不拔地設法開創了一段繁榮時期，新經濟急速發展，這在美國近代史上可說是無與倫比的。儘管他因為與白宮實習生莫妮卡．陸文斯基（Monica Lewinsky）的緋聞案與公然作偽證而遭到彈劾，但最後還是無罪開釋。

早年柯林頓從阿肯色州政治生涯的挫折中東山再起，獲得了「打不死的小子」這一綽號。接下來時間將會證明柯林頓能否像卡特一樣，在離開白宮之後重塑自我。柯林頓固然具有才能與幹勁，但他是否具有所需的正直品格、具有比傳統道德觀念更加宏大的特質，這還有待觀察。至於要評判大、小布希在任期間出了什麼問題，時間也自會給出答案，現在還言之過早。不少心理學家認為，老布希的成就讓小布希無法擺脫龐大的壓力，但再多精神分析，也無法解釋小布希為什麼會創造出極端不透明的制度，還有不少蔑視國家最高原則的政策。小布希初掌權之時，百姓以為他會從一位玩世不恭的美國王子，歷經一段戲劇化的成長，轉眼間成為一位優秀的領導者。但事實遠非如此，這個國家為此遭受了巨大的痛苦。

就如同柯林頓，小布希代表的是新一代的領導者，他們面臨的嚴峻考驗並不是第二次世界大戰，而是更加難解的六〇年代和七〇年代初期，人民沉浸在性、毒品和搖滾音樂中，對權威充滿不信任。至於歐巴馬歷史性的當選，也再一次標誌著深刻的時代變革，保守派評論者大衛・布魯克斯（David Brooks）指出，歐巴馬出生於六〇年代，是「後嬰兒潮」（post baby boomer）世代的族群，並稱呼為「較溫和的一代」，也是在網路環境中成長的第一代。

時間會證明歐巴馬是否是一個真正的改革人物，但在他冷靜、激勵人心的勝選演說中，清楚表明著自己將是所有美國人的總統，也是一個世界的公民，承諾要建立一個共同合作的政府，不會把共和黨排除在外。他還提到若國家面臨諸多挑戰時，有所犧牲是必要的。歐巴馬喊出「是的，我們能做到」的口號，激勵了許多年輕選民，自甘迺迪以來，沒有一位總統能做到這樣，他的榜樣很可能會激勵許多人民更加投入公眾事務。正如密蘇里州參議員克雷爾・麥卡斯基爾（Claire

McCaskill）在計票期間所言：「新世代領導者在這次選舉中誕生了。」

希臘人認為卓越是感性與理性的完美平衡，這兩者讓人們「具體思索完整的事實」，進而理解世界的各個層面，真正的理解來自於自我認識與充分發揮自己的特質。約翰．加德納曾經說過：「**天賦是一回事，完整發揮天賦則又是另一回事了，唯有妥善準備，才能好好發揮。**」充分運用、參與、磨練和激勵你的天賦，確保你是獨一無二的自己，而不是誰的複製品。

是領導者，還是管理者？

領導者和管理者之間的差異，就是前者能駕馭環境，而後者則是屈服於現狀。此外，還有其他一些顯著差異也非常重要：

- 管理者是執行者，領導者是改革者。
- 管理者複製他人，領導者是原創者。
- 管理者維持運作，領導者帶領發展。
- 管理者注重系統和結構，領導者重視群眾。
- 管理者仰賴控制，領導者激發信任。

- 管理者目光狹隘，領導者宏觀每個面向。
- 管理者總是詢問做法和時限，領導會詢問內涵與緣由。
- 管理者總是盯著結果，領導者放眼更大的目標。
- 管理者模仿，領導者發起。
- 管理者接受現狀，領導者勇於挑戰。
- 管理者是典型的好士兵，而領導者是自己的主人。
- 管理者把事情做對，而領導者做對的事。

回顧詩人華勒斯．史蒂文斯所說，管理者戴方帽，從訓練中被教導；領導者戴闊邊帽，選擇自我教育。訓練和教育之間的差異如下：

教育	訓練
歸納	演繹
嘗試	固定
動態	靜態

理解
想法
寬
深層
經驗
主動
問題
過程
策略
各種方法
探勘
發現
啟動
發起
全腦
生活
長遠

記憶
事實
窄
表面
死背
被動
答案
內容
方針
唯一目的
預測
教條
回應
方向
左腦
工作
短期

改變	穩定
內容	形式
彈性	僵硬
風險	規則
綜合論述	單一討論
開放	封閉
想像力	常識
總結　領導者	**管理者**

如果你覺得上半部列出來的詞彙看起來都很陌生，那正是因為，我們以往都不是這樣被教導的，接受的教育體系是訓練大過於教育，這其實很不幸。狗兒可以訓練，因為希望牠們服從主人；但訓練人，會使人只看眼前的條件或能力做事情。

清單中列出了商學院沒有充分鼓勵的特質，它們往往選擇追求短期最大利益的個體經濟標準，這些標準無法讓人發現問題，可是人們需要能發現問題的角色來帶領，因為現今世界的問題並不總是那麼明確，也沒有那麼絕對。就如同法蘭克・蓋瑞（Frank Gehry）和其他偉大的建築師，**他們早已從過去的直角轉向菱形、圓形空間和拋物線的設計，他們正是一群戴著闊邊帽的人，有抱負的領導者，必須像他們一樣打破傳統來思考。**

領導者只能獨自工作。

好的領導者縱然有缺點，也能帶領所有人走向成功；而不好的領導者，則是因為有缺點而以自我膨脹來掩蓋。比如林肯總統，他雖然患有嚴重的憂鬱症，但可能卻是美國迄今最好的總統，帶領整個國家渡過了最嚴重的危機；而不好的領導者則像是希特勒，他把自己的癲狂強加到德國人民身上，用巨大的妄想帶著百姓走入有史以來最惡毒的極權與最可怕的屠殺。

無論是好是壞，對領導者和每個人而言，自己是自身的原始材料。唯有知道自我的構成，並了解想要如何運用自身特質，才能展開人生，即便周遭總是有人事物在不知不覺中加以阻撓，我們還是得做下去。李爾曾說：「美國人似乎很重視個體性，但實際上，社會並不是真的那麼接受獨特的人，社會想把每個人都變得一模一樣。」美國人的性格中總是有這種拉扯。

奧斯卡獲獎電影導演薛尼・波勒（見附錄人物小傳4）認為，自我認識是一個漫長的過程。「我一直不斷在腦中與自己對話，」他說：「有時是幻想自己的人生，有時是不斷思索各種可能性。我會想像自己在談論解決問題的方法，進而成功誘騙自己去採取行動來真正解決問題。例如，假設我不知道某個問題的答案，我就會在腦海中想像有人跑來問我這個問題。小說家福克納（William Faulkner）說過，『我不知道我在想什麼，直到我讀到我寫的東西。』這可不是開玩笑，人真的可以透過整理思維來了解自己的想法。」

這絕對是真的，整理自己的想法，是創造自我很重要的一步，其中最困難的，就是去思索自己的思考，但這有助你把想法完整說出或寫出來。寫作則是整理思考的最深刻的方式，也是了解自己和自身信念最好的方式。

美國資深報業主管格洛麗亞・安德森（Gloria Anderson，見附錄人物小傳5）補充道：「發展自我意識，並了解自己在這個世上所扮演的角色，對每個人來說都很重要。此外嘗試新事物，測試自己信仰和原則也同樣重要。我認為所有人都認同堅持自身信念的人，就算不一定同意他們的觀點，但那樣的特質會讓人產生信任感。」

科學家瑪蒂爾德・克里姆也十分同意。「我們應該要當個探索者，當一個傾聽者，盡可能多加吸收，但不能毫無反思地全盤接收，最終必須要相信自己的直覺，」她說：「人要有一套價值系統或信仰，這樣才知道自己的立場，而且這些立場必須是源自你自身的價值觀，而不是其他人的。」

了解自己和做自己終究是知易行難的，否則世界上也不會有那麼多人用模仿來的姿態行走江湖，成天談論著道聽塗說的想法，拚命試圖融入群體之中，卻沒有想要脫穎而出。幸運超市（Lucky Stores）前執行長唐．瑞奇（S. Donley Ritchey，見附錄人物小傳6）談到做自己的必要性時，也說：「無論是個人還是公司，只要是冒牌貨，我相信所有人都很容易察覺和識破，誠如愛默生所說，『你說話的聲音太大了，我聽不見你在說什麼。』」

量身打造領導模型

哈佛榮譽教授亞伯拉罕．札萊茲尼克（Abraham Zaleznik）認為，領導者分為兩種：先天優勢，以及後天培養。先天具有優勢的人，要成為一個領導者相對容易；但藉由後天培養的人，成長過程中通常遭受痛苦，總覺得自己跟別人不一樣，甚至遭到排擠，因此發展出複雜的內在性格。但隨著年紀稍長，他們會變得全然獨立，完全仰賴自身的信念和想法來生活。後天培養的領導者都擁有自己的**價值觀，也相信自己，因此也是真正有魅力的領袖**。

具有先天優勢的領導者是由環境造就的，比如詹森和尼克森總統；而後天培養的領導者則是自我改造的成果，像是小羅斯福與杜魯門總統。

有不少研究都強調了自我改造的好處，甚至是必要性。首先，中年男性經常在心臟病發作後在職場上轉換跑道，發現自己隨時可能會死去時，這些人開始意識到原來自己一直在做的事情，幾乎投入了一生，卻從來不是內心真的想要和希望的。

另一項研究顯示，中年男性對自己人生的滿意度，取決於他們實現年輕時夢想的程度。重要的並不是夢想是否成功實現，而是對它的真誠追求，唯有真的努力追求過，才能獲得精神層面上的滿足感。

當然，研究顯示女性也是一樣的，如果她們得以展現自我，而不是完全接受自己從小到大被要求扮演的角色，她們就會更快樂。心理學家兼作家索尼婭·弗里德曼（Sonya Friedman）表示：「事實上，最不快樂的女性是已婚、傳統的全職家庭主婦。單身女性比已婚女性更幸福，一直都是如此，所有研究都指向這個結果。」

自古以來，維持單身是多數女性自由創造自我的唯一方式。十九世紀詩人艾蜜莉．狄更森，長年獨居且未婚，但她確實創造了自我，據說，她對一位進到她房間的稀客說：「這裡就是自由！」

幸運的是，時代的變化也意味著人際關係的改變，許多位我認識的女性領導人即便已婚，也成功地改造了自己——弗里德曼本人正是如此。

自我改造是如此重要，再怎麼強調都不為過。所謂的「真實」（authentic）就是當你自己的作者（author），這兩個英文字擁有同一個希臘字根，要去發現自己具備的能量，了解自身的追求，然後找到方式去加以實現。只要做到這點，我們就不再是社會文化、權威或家庭傳統所設定的形象，**唯有成為自己人生的作者，才能在任何情境之部做出正確的事**。有句話是這麼說的，「在現代工業社會中，主管的職責就是限制部屬的潛力」，那麼你現在的任務，就是要盡自己所能打破這種限制，發揮潛力追求年輕時的夢想。

李爾還補充，一定要喜歡這個過程，否則這個目標就不值得去實現。「你必須用循序漸進的方式來看待成功，」他說：「獲得任何重大成功，都需要很長的時間，只要用抱著循序漸進的態度，就會覺得自己的每一步都是成功的。要一小步一小步地走，如果期望自己一次就能跨一大步，那結果可能會很糟糕。成功並不會在等待很長一段時間之後就突然出現的。」

為自己每一次的小小成功鼓掌、向自己鞠躬，這是學習體驗生活的好方法，這也是改造自己、創造命運的其中一部份。

要成為領導者必須先成為自己，成為生活的創造者，雖然並沒有一定的規則，但從我幾十年的觀察和研究中，可以提供一些方法和借鏡現在就來看看有哪些方式。

Chapter 3

認識自我，領導者的四堂課

定義一個人的性格最好的方式，就是去審視他的心靈或道德態度，如果此人二者兼具，他便會深刻而強烈地感受到自己的積極與活力。此時他的內心一定會有一個聲音，對他說：「這就是真正的我。」

——威廉．詹姆斯（William James），

《威廉．詹姆斯書信集》（*Letters of William James*）

進入青春期時，周遭世界已經大幅影響並塑造了我們，且比想像中更加深遠。舉凡是身邊的家人、朋友、學校，甚至是整個社會，都透過無數的言論與實例，來告訴自己該成為怎樣的人。**但是唯有當自己決定自身的言行舉止，才有可能邁向領導者之路**。

某些領導者很早就開始為自己做決定。美國前教育部長雪莉．霍夫斯特德勒（Shirley Hufstedler，見附錄人物小傳7）一生都在從事法律職業，但以前的她其實是個叛逆少女。她告訴我：「小時候，我想做的事情都是不符合社會規範的。我總是想做別人認為女孩子不該做的事，所以必須自己想辦法去做，同時還要穿著小洋裝去參加鋼琴演奏，這樣才不會被別人發現真面目。你也可以說這是耍心機，但我更認為這是一種觀察周遭並嘗試繞過障礙的方式。如果有想要得到的東西，就去審視各種可能性，通常都能找到方法來實現。」

同樣身為女性的飛行員先鋒兼企業家布魯克．納普（Brooke Knapp，見附錄人物小傳8）也是如此。她說：「我是在美國南方長大，從小被教育要當一個好太太。大學的時候，人們對成功女性的定義，就是嫁給一個好男人，在家相夫教子……但我比較有野性，說得好聽一點就是，因為我比我母親堅強許多，而且不受制於任何事。」

然而正如納普後來學到的，突破自我、做自己，有時絕非易事。她又說：「高中時，我發現自己被視為極具運動天賦的人，但我不想要『體育少女』這種標籤，所以我決定要成為『最受歡迎的人』。選校內學生代表時，我跑去認識每一個人，記住他們的名字，最後我就選上了。」但後來她的人氣又直線墜落，只因為「班上女同學的母親無故開始對我說三道四。所以我的結論是，成功有時意味著別人不喜歡你，你會被視為一個壞人，所以我消沉了許久，直到婚後才再次感受到一股想有所成就的需要。」

也就是說，「了解自己」意味著去區分你的自我、你所期許的自己，以及別人眼中的你、別人希望你變成的模樣。

作家兼精神科醫生羅傑・古德（Roger Gould，見附錄人物小傳9）也很早就獨立自主了。他說：「記得每次與父親爭吵，似乎都是因為一些我難以理解的武斷的規則。我過去總問『為什麼』。六歲時，有次我躺在床上仰望星空，心想，『天空上還有其他星球，有些星球上可能還有生命，就連地球都很大，有好多好多人，總不可能每個人都是對的，所以父親有可能是錯的，我也有可能是對的。』這就是我自己的相對論。到了高中，我開始閱讀經典，這些書是遠離父母控制的一個出口，我也有自己的世界，可以用自己的方式來享受，直到我徹底領會後，才向別人提起。」

無論是霍夫斯特德勒、納普或古德，他們顯然創造了自己，正如我認識的其他領導者一樣，他們用各種方式克服諸多障礙，都強調自我認識的重要性。

有些人很早就展開這個過程，也有些人起步較晚，不過這都無關緊要。自我認識（self-knowledge）和自我創造（self-invention）是一生的過程。在孩提或青少年時期就努力了解自己並成就自我的人，直到如今都還繼續自我探索、反思自身的經歷，並測試自己的可能性。不少人也是直到中年才開始自我重塑，比如小羅斯福和杜魯門總統就是。有時人們只是對自己的現狀、或正在做的事情不滿意，而尋求改變；有時則是因為遇到的情況和杜魯門一樣，必須付出的比我們想像的還要多。但是每一個人都可以在自我認識和自我改造的過程中，獲得有形和無形的回報，**但如果你一直不加以改變，就只能一直拿到原本就在手頭上的結果，而這可能比你真正希望或應得的成果還要少。**

我認識的所有領導者都同意，除了自己，沒有人能教會如何成為自我、如何掌控自己，並且表達自己。然而在學習的過程中，他們所做的某些事情還是值得參考，我把他們的做法整理為「認識自我的四堂課」：

一、你是自己最好的老師。

二、承擔責任不歸咎於他人。

三、學習一切需要的。

四、在反省中建構未來藍圖。

第一課，你是自己最好的老師

維吉尼亞大學麥金塔爾商學院（McIntire School of Commerce, University of Virginia）教授吉布．艾金（Gib Akin）曾經研究六十位管理人士的學習經歷。在期刊《組織動態》（*Organizational Dynamics*）中，發表了一篇經典的研究論文，他說：「有管理人士的陳述驚人地一致……學習是一種個人轉變。人們並不是將所學的知識當作資源，反而是成為了煥然一新的人……**學習不是為了擁有，而是為了生存。**」艾金列出的學習模式分成以下幾個階段：

- **模仿：**以一個認識的人或歷史、公眾人物作為榜樣。

- **扮演：**先試想自己應該成為什麼樣的人、該怎麼做。
- **實際練習：**將問題視為機會，透過處理問題的經驗來學習。
- **驗證：**透過實行來驗證想法可不可行，並從結果中學習。
- **預期：**形成想法，加以實行，在行動之前就先充分學習。
- **個人成長：**比起專業技能，更加關注自我理解，以及「價值觀和態度的轉變」。
- **用科學方法學習：**先觀察，並將觀察結果化為概念，接著透過實驗蒐集新的資訊，本階段的重點在於真相。

艾金採訪的管理人士列舉了兩種學習的基本動機。他說：「**首先是對知識的需求**，『他們渴望知識，有時投入全部的注意力，直到獲得滿足』。**其次則是對自身『角色的認知』**，也就是一個人如何認知自己是誰，以及自己應該成為的模樣。」

換句話說，如果沒有充分發揮自己的潛力、沒有充分表達自己，好的管理者會有自知之明，他們知道學習是改善缺陷的途徑，也是邁向展現自我的一大步，並且認為學習能夠完善自我，但學校不會教這些而只能靠自學。有些人達到某個人生階段之後，就會覺得自己必須學習新事物，唯有如此才能獲得更多，否則就只能滿足於較低的標準。如果你也能意識到這一切，下一步就是透過教育來提升自己，在自我認識的路上，拒絕學習和責怪旁人是主要的絆腳石。

第二課，承擔責任不歸咎於他人

對我而言，這種做法是非常有智慧的，所以我想說說馬蒂．卡普蘭（Marty Kaplan，見附錄人物小傳10）的故事，他是我所知道勇於承擔責任的最佳典範。

卡普蘭是南加州大學安納伯格傳播學院（Annenberg School for Comm-unication, University of Southern California）的教授，同時也是娛樂、商業與社會與跨領域研究中心的主任。他是一位成功的編劇和製片人，並定期在《哈芬登郵報》（*Huffington Post*）發表文章。

一九八〇年代中期，他才三十多歲，就已經是迪士尼製片部門的副總監，正展開第三段職業生涯，他因涉獵廣泛而受到迪士尼招攬，從生物學到《哈佛諷刺雜誌》（*Harvard Lampoon*），從電視業到報業，甚至高級政治，他無一不通。卡普蘭雖然對許多事情都很了解，但對電影業卻知之甚少，然而他對自學過程的描述，正好解釋了是如何承擔起自我創造的責任：「在開始這份工作之前，我讓自己參加了速成班，連續六週，每天看五、六部電影，試圖看完過去幾年間所有大獲成功的作品；還盡可能多閱讀劇本，看看其中的哪些元素讓這些電影如此出色。我可以說是讀了『自己的電影學校』，讓自己更加了解商業和藝術……在我身處的環境中，熟悉所在領域的生態是很重要的。」

「比如我在研究所修讀文學時，認識作家和評論家，往往就等於認識了一個新世界；到了華盛頓我必須了解政治圈；而在這間公司，我必須了解電影人。公司大約有一百位核心編劇，我開始有系統地閱讀他們每個人的一到兩部劇本。剛來時有人說我必須花三年的時間才能上手，但九個月後，片廠老闆說我已經就位了，還讓我升官。不到一年時間，發現雖然自己仍然不時遇到一些挫折，但我就像那些在這裡做了很久的同儕一樣，可以表現得出色。我認為這是源自於為自己定下的紀律，還有對於成功的渴望，以及舊有職業技能的轉移能力。無論是在分子生物學領域、政治圈和電影業，總會用到許多類似的手腕。無論去到哪裡，都要與周遭打好關係。」

「我剛到職時，首先做的就是整天坐在片廠老闆的辦公室裡，天天觀察與傾聽他所說或所做的一切，因此編劇或製片來找他時，我就坐在一旁。他講電話時，我也坐在旁邊聽，甚至會聽到他和地位相當的人在互相角力，聽著他如何拒絕別人、同意別人，如何迴避、如何說服。」

「我會隨身帶著一本黃色便條紙，在一開始的幾個月裡，只要聽到任何我不懂的句子、業界術語、人名，或任何自己沒有做過的策略、不理解的交易決策，或是任何業務、財務方面的細節，我就會寫下來，並且定期四處奔走，找到可以給我解答的人。」

「**我幾乎可以從任何情況中學習**，因為一切對我來說都是新奇的，因此無論遇到的人多麼遲鈍、想法有多麼愚蠢、或是廠商 對我遊說任何枝微末節的事情，每一次的接觸都十分有益，因為每一次都是我的第一次，每一件事都是全新的，所以我對每一個經歷都敞開胸懷。如果我遇到別人認為乏味、愚蠢和想避免的情況，也可以從中學習，並會開始學著過濾掉這些做事方法，只留下對我有益、重要的，或者不得不做的事。」

第三課，學習一切需要的

若說領導力的基本要素之一，就是熱情投入生活，那麼實現的關鍵就是讓自己充分就位，就像卡普蘭剛加入迪士尼時那樣。充分就位只是定義學習的另一種方式，而學習就如同卡普蘭的做法，也正如我在這裡所談論的那樣，遠遠不僅是吸收一套知識或掌握一門學科而已。學習同時也是看到環境的現狀和可能性，理解自己的所見所聞，並根據理解來採取行動。卡普蘭不只是研究電影產業，他還擁抱並加以吸收，進而達到理解。

我們聊天的過程中，**我說我認為這種學習與反思經驗有關**，卡普蘭回答：「我還想補充一個因素，**那就是渴望獲得經驗**。有些人可能很厭惡自身的經歷，因此不會從中學習；唯有渴望吸收新知，勇於面對可能令人不安的情況，才有辦法學到東西……這是一種態度，一種無畏、樂觀和自信的態度，不要害怕失敗。」

「不要害怕失敗」，請記得這一點，之後將會詳細討論。

第四課，在反省中建構未來藍圖

卡普蘭不僅是看了大量的電影、讀大量的劇本或長時間待在辦公室裡。他除了做到這一切，還反思他看到、讀到和聽到的，並產生新的理解。

反思經歷就是與自己進行一場蘇格拉底式的對話，在正確的時間問出正確的問題，並發掘自身與生活的真相。比如，發生了什麼事？為什麼會這樣？對我有什麼影響？對我來說又意味著什麼？如此一來就能找出所需的知識並加以運用，或者更確切地說，恢復了自己原本就知道，卻曾經拋諸腦後的事物，用作家歌德的話來說就是：「要當一把錘子，而不是一個鐵砧。」

卡普蘭大力贊同這一點：「人類反思的習慣，可能來自於生命的有限……當想要讀透任何偉大的文學作品，就要明白，創作是一場與死亡的賽跑，是一種救贖的力量，源自於愛，源自於上帝，或者源自於藝術或任何創作意圖，使人在死亡面前更值得奮力一搏。在某種程度上，**反思就是不斷提出問題，促使自己覺醒。**」

唯有真正理解，知識才能真正屬於你，自我認識也是如此。我們的感覺往往較為原始、只看得見眼前的事件，但唯有明白自己為何感到快樂、憤怒或焦慮，否則這些事件對人們來說都毫無意義。比如每個人都曾經被主管辱罵過，但當下或許只是咬緊牙關，不敢回嘴，接著跑去遷怒於某個什麼也沒做錯的朋友，這種遷怒的情緒會干擾自我的生活，並削弱生活品質。但我並不是在說當下應該頂撞上司，而是要冷靜去理解整個情況，才會有答案，**唯有理解之後，就會知道該怎麼做**。

在我與各個領導者交談的內容之中，他們都反覆提及反思自身經驗有多重要，並指出反思能通向全盤的理解。安妮・布萊恩特（Anne L. Bryant，見附錄人物小傳11）同時身兼現任全國學校董事協會（National School Boards Association）及美國大學婦女聯合會（American Association of University Women）的執行長，她告訴我，她已經把反思融入了自己的日常生活：「每天早上鬧鐘響起後，我會在床上繼續躺著十五分鐘，默想我當天要做的每一件事，和週末前要完成的事。我已經連續這樣做兩、三年了，如果早上沒有思考，感覺像虛度了一天。」

若要敏銳地往前看，就必須先誠實地回顧過往。布萊恩特每周在華盛頓的辦公室工作四天，其餘時間待在芝加哥的家裡，她會在家閱讀，反思過去的一週，並規劃好接下來的生活。

以上就是自我認識的四堂課。然而若要將這些經驗付諸實踐，你還需要先了解自身的童年經歷、家庭和同儕對你的影響。

很多時候，人們都不是真的認識自己。大衛・理斯曼（David Riesman）在經典著作《孤獨的人群》（*The Lonely Crowd*）一書中寫道：「一個人呈現出來的模樣源自於『內在』，他往往是在年輕時就已經塑造而成，受周遭長輩影響甚深，最終讓人註定成為了普通的模樣；同時對一些沒有主見的人來說，指引他們方向的是同時代的人物，或許是同儕，也或者是透過朋友和大眾媒體間接認識的。這些人努力奮鬥的目標，會隨著他人的影響而不斷改變，因此他們唯有專注於自己奮鬥的過程，並且密切關注他人傳遞的訊號，才能無所動搖。」

換句話說，大部份人都受到長輩或同儕的形塑，但領導者是自我指導的，**領導者會自我指導，然而學習和理解是獨立自主的關鍵，我們必須透過與他人的互動相處才能徹底認識自己**。正如鮑里斯・巴斯特納克（Boris Pasternak）在小說《齊瓦戈醫生》（*Doctor Zhivago*）中寫道：「那麼，你是誰呢？你認為自己是什麼樣的人？你感受到你的內在有什麼？是腎、肝還是血管嗎？不，無論你追溯到多麼遙遠的記憶，那都是外在認知的呈現——你手頭上的工作、你的家庭，還有與他人的相對關係。但請務必聽好，與他人的關係，也是你的一部份，是你的意識、你的生活、你一生中享受到的事物、你的靈魂、你的不朽，你活在人群中。」

那麼人們該如何處理這個自相矛盾的情況呢？用這個方法：「**領導者會向他人學習，但不會被他人所左右。**」這是領導者與他人不同之處，讓這個矛盾情況變成一種辯證法。透過自我改造的過程，把自我和他人的長處結合在一起。

這也意味著，此時此刻**真正的學習是必須先忘卻過去所學的事物**，因為父母、老師和朋友總是在教導著我們去迎合他們的標準，這使得我們無法成為自己。

希伯來協合學院（Hebrew Union College）榮譽校長艾爾弗雷德．戈特沙爾克（Alfred Gottschalk，見附錄人物小傳12）告訴我：「最困難的就是說服孩子、自己和別人，誠實面對並徹底了解自己的必要性。他們多半對此不太感興趣，也不想去思考，比較喜歡接受別人直接告訴他們的、書上看到或電視上播的，他們『循規蹈矩』並依從主流的要求。」

我請他再深入解釋，他便說：「每個人都需要感覺自己是獨特的，而集體則需要對於多樣性保持包容的態度，我很重視這兩點。我相信團結並不意味著每個人都一模一樣，也相信人有自我救贖的能力。」

人們從小承受著來自父母與同儕的壓力，那又該如何設法成為一個理智的成年人呢？有時候，理智也意味著生產力較低。

心理學家威廉・詹姆斯在一八九〇年的《心理學原理》（*The Principles of Psychology*）中寫道：「一個人的自我是他一切的總和，包含他的身體、心靈、衣服、房子、妻子、孩子、祖先、朋友、名聲、作品、土地、馬匹，以及遊艇和銀行存款。這一切都會帶給他同樣的感受，如果他們增加或繁衍，會讓人有股勝利之感；如果他們減少或消失，自我會感到挫敗。」

每個時代都有喜歡炫富的消費者，很難想出一個恰當的詞來形容他們。但正如詹姆斯的總結：「**對自己身處這個世界的感受，完全取決於自我想成為什麼樣的人、做什麼樣的事。**」

領導者會從支持自己、激勵自己和信任自己開始，最終成為一個值得信賴的人，並可以激勵他人。

知名精神分析學家愛利克・艾瑞克森（Erik Erikson）將人生分為八個階段，對審視自我創造的過程也很有幫助：

一、嬰兒期：信任vs.不信任。
二、幼兒期：自主vs.羞怯懷疑。
三、學前期：進取心vs.愧疚感。
四、學齡期：勤奮vs.自卑。
五、青春期：身分認同vs.角色混亂。
六、青年期：親密vs.孤獨。
七、成年期：生產力vs.停滯。
八、老年期：和諧vs.絕望。

艾瑞克森認為，**一定要等到每個階段的危機都獲得圓滿的解決，人們才會進入下一個階段**。比如許多人始終沒能克服進取心和愧疚感之間的內心拉扯，因此才會缺乏真正的目標。也好比人類的上一個世代，如果女性在母親的身分與事業心之間搖擺不定，就會被認為是自私、這是不正常的。當時的人認為怎麼會有女人不想當媽媽，而如果她試圖兼顧孩子與事業，則會不斷經歷挫折，也通常得不到支持。無論她怎麼做，進取心和愧疚感都在不斷拉扯，無法獲得解決。當然這些內心的矛盾最終都會呈現在外在行為上，進而影響到她生活中的人，包括她自己。沒有人是獨自承受痛苦的，包括隱居者。

一般來說，男性比較容易度過這類階段和隨之而來的危機，但通常在父母和老師的殷殷期盼之下，男性也因而會去做他們應該做的事，而不是他們想做的事。也因為這樣，夢想成為詩人的男孩最後成了會計師，想當牛仔的人當了主管，每個人都遭受著未竟之業的折磨。如果他們選擇追尋自己的夢想，又有誰知道他們能達到什麼樣的成就呢？比如披頭四樂團（The Beatles）的約翰．藍儂（John Lennon），他是那一代最有影響力的音樂人，從小由阿姨撫養長大，功成名就之後，他送給阿姨一塊金色的匾額，上面刻著她經常對他重複的名言：「你不可能靠彈吉他維生。」

而根據艾瑞克森的論點，解決八大危機的方式，會影響自身將成為什麼樣的人：

一、信任 vs. 不信任＝期望或退卻。

二、自主 vs. 羞怯懷疑＝願意或被迫。

三、進取心 vs. 愧疚感＝決心或阻礙。

四、勤奮vs.自卑＝勝任或遲鈍。
五、身分認同vs.角色混亂＝忠誠或否認。
六、親密vs.孤獨＝愛或排外。
七、生產力vs.停滯＝關懷或拒絕。
八、和諧vs.絕望＝智慧或目空一切。

在人們生命的早期階段，周遭世界有著巨大的影響力，但每個人都努力地去解決這些危機，這真是一個奇跡。或者就如同一位女性曾經對我說的：「機能不健全的家庭，這句話是多餘的，世界上根本沒有任何一個機能健全的家庭，至少我根本沒見過。」她的意思是，虛構的快樂家庭根本就與大多數人的真實經歷相去甚遠。電視喜劇裡的孩子通常受到明理、睿智的父母照顧，並享受到幸福的童年，但多數人的真實經驗並非如此。

精神科醫生古德告訴我，他想寫一本關於從童年創傷復原的書，重點是「克服生命早期出現的適應偏差」。他說：「如果你只是隨波逐流，每一次面對和處理現實情況的過程中，你就只是在經歷一些自動復原的過程。但如果想要好好應對生命每個週期的挑戰，就必須不斷地重新審視自己的防禦心態和成見，並且在過程中，你會慢慢找到正確的解決之道。內心感受都是源自於對過去情境的記憶，所以要將這些感受分類，看看哪些是當下產生的、哪些是受到過去的影響，如此一來你就可以真正開始用思維過程改變自身的行為。」

有充分的研究證據顯示，人並不會因為身體成熟了就停止自我發展。因此雖然不能改變自己身高或骨骼結構，但可以改變自己的思想。許多人堅信：「擁有快樂的童年永遠都不嫌遲。」我不會想得這麼誇張，因為早已經不能改變自己童年的環境，更不用說在這個時候回頭去改善童年記憶，但是我們可以誠實地回顧、反思並加以理解，進而克服過往經歷對自身的影響。**透過記憶和理解的練習，退縮可以轉化為希望、被迫轉化為自願、壓抑轉化為決心、怠惰轉化為勝任。**

有些人會對此提出異議，認為一個人的命運完全取決於基因，又認為每個人都只是遺傳的產物。也有人積極地爭辯說，每個人都受到成長環境的塑造，命運是由成長環境決定的。有些學者去研究分開撫養的同卵雙胞胎，證據顯示，第一種觀點的確有其真實性，然而要如何成為自己，真正答案遠比基因要複雜許多。

遺傳學研究證實，疾病有很強的遺傳因素，但也有其他可信的研究顯示，壓力和環境因素也會影響人類的健康。同樣道理，有些科學家認為大腦和心臟僅僅是器官而已，只會生成特定化學反應；但也有某些科學家認為大腦和心臟是理性和情感、邏輯與詩意的所在，正是這些特質與能力將人類與猿類區分開來。而且也有神經生物學的研究表明，雖然部份大腦在出生前就已經定形了，但還有一部份保有彈性空間，能夠吸收和整理經驗，進而促成大腦的轉變。

還有許多證據顯示，即便是內向、幽默等這類性格特徵也是可以遺傳的。在遺傳決定論和環境決定論的辯論中，幾乎可說是沒有任何後天自我成就的空間了，在某種意義上，這兩個學派都認為，人不必為自身的行為負責，就像喜劇演員弗利普・威爾遜（Flip Wilson）的經典台詞：「是魔鬼叫我這麼做的！」

事實是周遭的一切都在影響著人們，基因、環境、家庭、朋友、氣候、地震、太陽黑子、學校、事故、意外收穫，還有任何你能想到的事物。這場無休無止的先天與後天辯論固然有趣，甚至偶爾也有點啟發性，但卻永遠不會有定論。就像其他人一樣，領導者也是誕生於化學變化和環境大雜燴之中。**然而領導者與其他人的差異在於，他們會接納這一切，進而創造出一個全新、獨一無二的自己。**

擺脫習慣束縛，才能前進

小說家福克納說：「過去從未消逝，其實根本還沒過去。每個人身上都承攬著自己的一生。我們所做或看到的一切、遇到的每個人，都烙印在腦海中。**但一切精神包袱都可以透過反思，轉化為可理解和有用的經歷。**」蘇格拉底說：「未經審視的生活不值得一過。」我想把這句話再更推進一步，**未經審視的生活是不可能成功的，這道理像划船槳的運動員一樣，前進的時候同時也會向後望，但唯有真正看到過去並加以理解，才能成功駕馭未來。**

你還沒主宰自己的人生之前，就像是穿著借來的衣服到處走動。無論是哪個領域的領導者，都是由他們的經驗和技能造就，這點和其他人一樣；不同於他人的是，領導者利用自己的經驗，而不是被經驗所利用。

威廉．詹姆斯說：「天才只是意味他能以一種非常理的方式感知事物。」成年後，人們經常受到無數習慣的驅使，就像容易受周遭事物驅動一樣。比如有女生在緊張或無聊時，會把玩自己的一縷頭髮，或者有的男人為了掩飾不安而從來不會說「謝謝」。人們成為習慣的受害者，這些習慣不僅凌駕自我，還抑制、愚弄了自我。

如果想要擺脫習慣、解決矛盾、超越衝突，**就要成為自己生活的主人而不是奴僕，必須先觀看和記憶，然後再遺忘。**這就是為什麼真正的學習始於忘卻，也是為什麼忘卻是許多人生命中反覆出現的課題之一。每一位偉大的發明家或科學家都必須要先拋棄傳統智慧，才能繼續進行他們的工作。例如傳統智慧說道：「如果上帝想讓人類飛翔，就會給他一雙翅膀。」但是萊特兄弟不同意，所以他們打造了一架飛機。

無論是你的父母、老師或同儕，沒有人能教會你如何做自己；事實上無論他們的出發點是多麼良善，他們教你的都是如何不做自己。正如傑出兒童心理學家尚・皮亞傑所說：「我們教會孩子某些事物的同時，也是在阻止他們自己去創造。」我也要把這個觀點再更推進一步，教導孩子這個行為本身，就是在阻礙他主動學習和自我創造，因為教導的本質就是如此。另一方面，學習就是「解放」，當對自己和周遭世界越是認識與了解，就越能自由施展能力。

許多領導者都不太喜歡上學，尤其是較年幼的學生時期，多半都會有一些問題。愛因斯坦就曾寫道：「現代教學方法至今竟然還沒徹底扼殺人們的好奇心，簡直堪稱奇跡……如果你認為我們可以用強迫和責任感來提升孩子的觀察與探索的樂趣，這真是一個嚴重錯誤的想法。」

在我訪談過的領導者中，科學家兼慈善家瑪蒂爾德．克里姆說：「某種程度上，學校是專制的地方，我很不喜歡。」富達投資公司（Fidelity Investments）的董事長兼執行長愛德華．詹森三世（Edward C. Johnson III，見附錄人物小傳13）也說：「坐在教室裡從來不是我的強項，但我總能保持對思想和事物的好奇心。」詹森可說是本能地明白教與學、訓練與教育之間的差異。

顯然，人們無法消除也無法獨立於家庭、學校，或任何使人同質化的階段。但是可以看到這些階段的本來面目，它們僅是以下等式的一部份，而不是全部。

普遍認定的等式是：

家庭＋學校＋朋友＝你

但是對任何渴望實現自我的人而言，唯一可行的等式是：

（家庭＋學校＋朋友）÷你＝真實的你

如此一來，你就不是被自身經歷所設計，而是成為自己人生的設計師，**你掌握了你之所以為你的原因和結果，而不只是接受結果而已。**

自我覺醒＝自我認識＝自信沉著＝自我控管＝自我表達。

只有理解生命，決定做自己，你才能造就自己的人生。

Chapter 4

因應複雜變局的「新學習模式」

為了教育他，我付出了巨大的心血，很小的時候，就讓他奔波於街頭巷尾，獨自闖蕩謀生。先生，這是讓一個小孩精明強悍的唯一途徑。

——查爾斯．狄更斯（Charles Dickens），
《匹克威克外傳》（*Pickwick Papers*）

坊間一般領導力課程都有個問題，那就是他們往往只著重在技能層面，因此就算他們真的成功培養出一些人才，也只是管理者而非領導者。領導者當然應該具備管理技能，然而領導藝術的內涵卻無法靠上課來獲得，而是必須主動學習。

加州聯邦銀行（Cal Fed）前任執行長勞勃・道克森（Robert R. Dockson，見附錄人物小傳14）說：「我們無法在正襟危坐的課堂環境中學到重要的東西，比如花旗集團（Citicorp）的華特・瑞斯頓（Walter Wriston）及美國銀行（Bank of America）的阿馬迪奧・賈尼尼（A. P. Giannini）都不是技術專家，而是有遠見的人，他們知道自己要做什麼，要將公司帶往何方。」而既然每個領導者都是獨一無二的，那麼他們學會的一切，以及他們如何利用所學來塑造未來，也應該是獨一無二的。

我在上一章中提到，領導綜合了經驗、對經驗的理解與應用，以及各種不同的技能。

諾曼・李爾對我說起他擔任空軍駐守義大利時的經歷：「我記得在義大利福賈（Foggia）的一間酒吧裡，我揍了某個人，而且還是我先動粗的。對方是個美國大兵，開了個污辱猶太人的玩笑，這件事還讓我寫在《一家子》這齣劇裡，劇中麥可在地鐵上揍了一個霸凌別人的傢伙，事後卻被自己的暴力嚇到了。其實我當時也和他一樣惶恐，我想我在這事件中看到了自己的領導力，雖然當時並不知道它從何而來，但唯一明白的是，身為少數且遭受排擠的族裔，我已經克服了身分帶來的種種問題。」

顯然要成為一名真正的領導者，你必須認清所處的環境，就像必須認識自己一樣。根據各項研究結果，以及無數我訪談過的領導者樣本，從中可以歸納出某些特定經歷對於學習而言尤其重要。這些經歷包含淵博的終生學習、特殊的家庭背景、廣泛的旅行甚至離鄉背景的經驗，以及與良師益友的交往。

傳統學習的兩大模式

在探討這些經歷的益處之前，我想再說明一些關於學習本身的想法。

一九七二年，研討全球國際政治問題的智囊組織「羅馬俱樂部」（Club of Rome）發表了一篇極具突破性的文章，首先闡釋了外在的限制，文章寫道，這些限制「縮小了我們在一個有限的星球上物質增長的可能性」，並在結論中提到，「內在則是無遠弗屆的……存在於我們自身，孕育著無與倫比的發展潛力。」

這份研究報告於一九七九年出版，書名為《學海無涯：彌補人類的不足》（*No Limits to Learning: Bridging the Human Gap*），作者為詹姆斯・博特金（James W. Botkin）、馬赫迪・艾曼賈拉（Mahdi Elmandjra），以及米爾夏・馬里札（Mircea Malitza）。而企業家奧雷利奧・佩塞（Aurelio Peccei）則在書序中寫道：「人類若要進步，就是要不惜代價地去了解我們該學習的事物，並加以學習。」作者群將所謂「人類鴻溝」（the human gap）定義為「世界日益複雜，而人類逐漸無以應對……這就是人類的不足，因為這些複雜的狀態是我們自己造就的，但我們本身卻停止進步，最終造成了難以彌平的斷層。」

作者描述了兩種主要的傳統學習模式：

- 維繫式學習：這是最普遍的學習方式，獲取固定的觀點、方法和規則，以處理已知和重複出現的情況。這種學習類型目的在於維持現有制度或既定的生活方式。
- 震撼式學習：現在也一樣普遍，通常發生在人面臨衝擊的時刻。作者說：「即使是現在，人類都還在被動等待著事件或危機發生，進而催化或強加這種本能的學習方式……。震撼式學習可以被視為精英主義、技術官僚主義和威權主義的產物，如果人們長時間過度相信某一套專業知識或技術能力，而當情況超出了這些知識或技術可解決的範圍，就會發生震撼式學習。」

也就是說，維繫式學習和震撼式學習都只是在吸收「傳統觀念」，而不是在學習。社會、家庭或學校告訴你，事情就是這個樣子、這些就是你需要知道的部份，而你全盤接受被告知的內容，並且遺忘要傾聽自我。

美國的汽車工業仰仗著維繫式學習，一度極為繁榮，直到突然碰壁，人們發現日本的造車天才們竟然能做得更好、賣得更好，接著震撼地發覺自己陷入重大危機。當底特律（Detroit）汽車產業的創意枯竭，面臨財務崩盤，卻沒有努力想辦法走出困境，反而是持續在錯愕中停滯了許多年，無數工廠倒閉、數千人失業，業者胡亂花錢在「看似不錯」的解決方案上。直到一九八〇年代中期，底特律才真正開始審視自己促成的惡果並試圖從中恢復過來，祕訣就在「羅馬俱樂部」所提倡的「**創新式學習**」。

作者們寫道：「傳統的維繫式與震撼式學習模式不足以應對全球的複雜局勢，如果不加以調整，最終很可能導致……無法控制的事件和危機。」

全球的情況也會發生在個人身上。如果一個人只懂得採取維繫式和震撼式學習，那麼他的人生註定是被動多於主動。比如大多數家庭都只是維持現狀，要是有家庭成員突然過世，強烈的打擊往往導致整個家分崩離析，就算沒有徹底崩潰，也可能會持續低迷一段時間。例如多數人都聽過這樣的故事，夫妻因為無法克服孩子離世的傷痛，最後離婚了。在商場上也是一樣，全盤接收傳統觀念的人或許有機會爬到官僚體系的高層，但他們永遠無法最大限度地發揮自己的獨特才能，面對自己的人生時，更有可能會遭受期望落空的打擊。

用創新學習自我鍛鍊

因此，一定要用創新式學習取代維繫式與震撼式學習。創新式學習主要包含：

- 期待：主動積極、發揮想像力，而不是被動接受或墨守成規。
- 透過傾聽他人來學習。
- 參與：決定事件的進展，而不是被事件所支配。

顯然要落實創新式學習，你需要相信自己，並在生活和工作中保持自我驅動力，而不是被他人牽著鼻子走。如果你學會預測未來，主動策劃事件而不是被事件所支配，這將讓自己會受益匪淺。

《學海無涯》的作者們說：「要從無意識地適應轉變為有意識地參與」，只要做出這種轉變，人們將能創造或了解到新的意義，產生有益的成果，對世界與自身的理解也會變得更加深刻。

電影導演薛尼．波勒進一步和我聊到為什麼創新式學習會那麼困難：「每個人都有自由聯想的能力，但社會往往不贊成太熱切的幻想。比如過了某個年齡之後，大多數人就不再玩遊戲了，不再玩那種『假裝……』，『如果……』等等的遊戲。但這些想像還是一直存在於人們腦中，到了某個時刻，我們竟會開始為此感到羞恥。好比說小時候聽到一首交響樂，就開始想像自己是指揮家，站在那裡陶醉地帶領著樂團，但長大以後，你就會想，『哎呀，千萬不能讓人知道我幻想自己是個指揮家。』但是那種幻想其實才是解決問題的真正關鍵。更不用說，這絕對是創作藝術的主要工具，無論是繪畫、舞蹈、書法、電影、劇本、小說或者任何形式。」用創造力來解決問題，就是一種創新式學習的形式。

在創新式學習中，一個人不僅要了解既有的現況，還要能夠想像未來的發展。

美國外交政策幾個世代以來一直有所偏頗，因為決策者始終認為共產主義全都是萬惡淵藪，這就是經典的維繫式學習案例，事實上即使是在蘇聯時期，共產主義也具有很多面向，維繫式學習將共產主義視為純粹的政治手段，而忽略它的社會、經濟和政治模式；但透過創新式學習，就會理解這不僅是政治層面，還有社會和經濟的差異性，而使得現存的幾個共產主義社會彼此之間各不相同。

創新式學習也是實現願景的一種方式。前教育部長雪莉．霍夫斯特德勒談到如何展望未來：「你必須能夠相當具體地去設想應該做些什麼，或者想做些什麼，又或者通往哪裡，並將這些東西概念化。其實這和規劃旅行差不多，首先想好你的目的地，接著安排交通方式，如果沒有前例可以參考，那可能會需要自己計設一套方法。安排同行者時，你可能需要靈活一點，另外也必須從一開始就想清楚自己的行李該帶多還是帶少。你需要參照過去、放眼未來，還要了解環境，明白這一切的脈絡以及所有可能性。」

大多數組織和教育機構所實施的維繫式學習，都從以保持現狀為訴求，將每個人打造成聽話的好士兵。它是一部以權威為基礎的獨角戲，是充滿階級、排他且孤立的，並且形成了一套靜態的知識體系，無法做更多延伸，只要求人們去適應現狀。

震撼式學習則是會導致多數人在面對難以掌控的事件或未來時，毫無應對能力，也無法成為一個獨立個體，只懂得順應周遭或順從某人，而社會則透過各種權威與階級單位來做保護網。

創新式學習是鍛鍊自主的基本手段，是一種以積極的方式去認識目前的環境，並在其中生存，這種學習始於好奇心，並以知識作為燃料展開互動，進而導向理解。其本質是兼容並蓄、無設限、無止境、了然於胸與生氣蓬勃的，**並且允許去改變事物的本來面貌**。

總而言之，過去的束縛導致大多數人一直困在被社會強加的角色和觀點之中，但這絕對有辦法從其中解脫出來，透過審視與理解過去，人們便能不受阻礙地邁向未來，可以自由地展示自己，而不是無休無止地試圖向社會證明自己。

同樣道理學會創新式學習法，將不再盲目跟隨他人腳步，而是引領自己的生活，不會光是接受事物的現狀，而是會對未來保持期待，並透過親身參與來促使事件的發生。

「我們塑造生活，而不是被生活塑造。」這句話將一再獲得證明。

一九六〇年代初，心理學家維克多與蜜翠德・格策爾（Victor and Mildred Goertzel）訪談發現了無數成功人士的共通點，並將這些訪談結果寫入《卓越的搖籃》（*Cradles of Eminence*）一書中，囊括許多作家、演員、政治家與企業家。

當中的發現十分具有啟發性，這些研究對象大多來自小城鎮或小村莊，而且他們從小就熱愛學習，「通常有強烈的行動力，並執著於追求目標」。他們的父母之中，有一半的人對於較爭議的議題十分保守，更有將近一半的父親「曾在商場或職涯中經歷過創傷性的改變」，而有四分之一的母親「被描述為強勢」。

較多訪談對象出身於富裕的家庭，但其中四分之一患有身體殘疾，此外他們的家人幾乎沒有需要接受住院治療的精神問題。孩提時期他們樂於接受教誨，但絕大多數不喜歡中等學校，而喜歡知名的學院。儘管五分之四的人表現出非凡的才能，但高達四分之三的人表示對學校和老師的不滿意。最後，四分之三的受訪對象在童年時期都曾經歷過一些困難，包含了貧困、破碎的家庭、難相處的父母、經濟狀況起伏、身體殘疾，又或是父母對他們學業失敗或職業選擇極為不滿。

格策爾引用了生物學家赫胥黎（T. H. Huxley）的一句話，這可以總結我前面提到審視和克服過去的必要性。赫胥黎說：「面對眼前的事實時，要像個孩子一樣，準備好放棄每一個先入為主的觀念，謙卑地跟隨自然走向任何地方，甚至是任何深淵，否則你將什麼也學不到。」

除了加以理解，你現在已經無法改變成長時期發生過的事，然而對於未來你可以隨心所欲發揮。正如約翰·加德納所言：「天賦的成熟，需要動機、性格和機會的完美結合，大多數人的天分仍未受到開發。」

可惜的是，大學並不一定是最好的學習場所，太多的學校與其說是高等學習場域，不如說只是高級職業學校。多數學校都製造出思想狹隘的專家，這些人可能是賺錢天才，但卻不是一個好的人；這些專家只學會做法，卻沒有學會自己應該成為什麼樣的人，他們學了大量特定的專業技術，卻不認識哲學、歷史和文學這些全人類的經驗入門。從長遠來看狹隘的專業更容易遭到淘汰，也可能無法提供更豐厚的薪水，若想在生命中獲得無法量化的回饋，這就更加不可能了。

教育家兼前迪士尼高層卡普蘭說：「我們兒時都曾對父母提出大哉問，像是，我從哪裡來？爺爺為什麼去世了？去世之後會去哪裡？上帝是誰？孩子們就像海綿一樣不停地提出並吸收這類問題。還有大學生半夜也都在想，我的人生該怎麼辦？我是誰？面對這些未知問題，我們應該自由又有創意地去面對。我認為這是西方的核心價值觀，**正視未知**。用某種生物學的意義來看，有些人會認為未知就是死亡；但有人則以一種形上學空無的理解，來看待未知。我則認為從孩提時期，生命中就有這樣的『深淵』，我們經常加以抑制，但它始終存在，而且會持續存在。」

詩人理察．威爾伯（Richard Wilbur）寫道：「然而儀式從未掩蓋，在愚蠢的雙眼之中，這一切顯示著，我們與置身的樹林如此相似。」人們需要穿過身處的這片樹林，才有可能開始理解自己和這個世界。

一九八〇年代中期，隨著艾倫．布魯姆（Allan Bloom）的《走向封閉的美國精神》（*The Closing of the American Mind*）和E．D．赫希（E. D. Hirsch, Jr.）的《文化素養：美國人的通識》（*Cultural Literacy: What Every American Needs to Know*）這兩本書的出版，美國人文化素養低落的問題一時之間登上了暢銷榜。有一項研究調查了七千八百名全國中學生的歷史和文學程度，結果平均分數只有「F」等級，大約是五十幾分。這項研究結果則被收錄在，黛安．拉維奇（Diane Ravitch）和小賈斯特．芬恩（Chester E. Finn）所著的《十七歲的孩子們知道些什麼？》（*What Do Our 17-Year-Olds Know?*），也證實了布魯姆和赫希的論點。

作者寫道：「我們的學校教育已經變成了升學導向，或許最明顯的指標就是，學術能力測驗（SAT）現在扮演著主導地位。教育版圖被考試所壟罩，但檢視考試內容，卻看不到任何踏實的知識……無論考生是否研究過南北戰爭、是否讀透《大憲章》（*Magna Carta*）、或是否懂了《馬克白》（*Macbeth*），在學術能力測驗中都派不上用場。」

無論學校機構在教些什麼或考些什麼，都離人們以前所認為的教育越來越遠了，只是不斷傳遞著一些最低標準的東西。卡內基基金會（Carnegie Foundation）的一項研究顯示，越來越多的年輕人會選擇可立即獲利的產業，比如商業、工程、電腦科學和醫療健康領域。

然而，前國家人文科學基金會（National Endowment for the Humanities）主席、副總統迪克．錢尼（Dick Cheney）的妻子琳恩．錢尼（Lynne Cheney），她在《新聞週刊》（*Newsweek*）上寫道：「美國多位極為成功的人，都具有文科背景，包含雷根總統與他多數的內閣成員，百分之三十八的執行長，以及 IBM 十三位高階主管中的中九位都是文科出身。」她還指出，「美國電信龍頭 AT&T 公司的一項研究顯示，社會科學和人文學科的畢業生，往往比工程師更快爬升到中階管理職，而『在高階管理職上，則至少與他們在商業或工程產業的同儕一樣好。』跟隨自己心之所向來選擇職涯的學生，最終更有機會從事他們熱愛的工作，他們會投入得更多也更加努力，這些都是達到成就的必要條件。最終他們會找到自己的使命感，**而使命感正是人生滿意度的重要因素。**」

通用汽車（General Motors）前董事長兼執行長羅傑・史密斯（Roger Smith）也贊同這樣的觀點。他在《教育管理者》（*Educating Managers*）一書中寫道：「管理藝術始於遠見，這項特質在現今尤為重要。競爭力——對某些公司而言等同於生存能力，取決於管理者是否有辦法去設想新的事物、採取新的方式來營運舊業務，或者能否在過去有效的基礎上，去推斷、組織和重組整體運作，並去想像如何出手改變事情的進程……」

「當學生透過訓練，了解了藝術、文學、物理和歷史中反覆出現的元素和共同主題，他們同時也獲得了創造力，能夠為商業問題找出具有遠見的解決方案。接受過人文藝術訓練的人，將能夠理解、適應於更加靈活的企業組織，並做出具體貢獻，現在有許多公司都希望能夠變得更加具有機動性……」

「人文藝術領域出身的人更能接受模棱兩可的狀態，並在眼前的混亂中找到秩序。最重要的是他們擁有完整的智慧，明白推演過程與結論同樣重要。他們有橫向思考和交叉分類的思維習慣，源自過往閱讀文學作品、理解社會體系、化學過程或學習語言的經歷……」

「他們之所以如此卓越，是因為他們具有溝通的技巧，對人也十分敏銳。無論是哪個領域的成功，都是將某一項意義從一個群體轉移至另一個群體。」

CBS也同意這項觀點。一九八四年，CBS與美國文理科學院（American Academy of Arts and Sciences）共同出資七十五萬美元，成立了美國文理理事會（Corporate Council on the Liberal Arts）由十二間大企業出面擔任代表。當時的理事長法蘭克・史坦頓（Frank Stanton）表示，理事會的宗旨是「提高對人文教育的意識，包含觀點、洞察力、批判研究及想像力，並理解人文學習和企業領導力之間的關係。」

這兩者的關係非常真實且牢固。然而這並不是說，你如果以前主修的是商業或電腦科學就是選錯科系了。生命最美妙的地方在於，無論你現在幾歲、處境如何，只要透過閱讀，並思索你所讀到的知識，就能填補過去教育經歷中的任何空白。

開始充電，填補空白

關於如何培養創造力，作家雷．布萊雷利（Ray Bradbury）的建議是：「來，想想看，你上一次跑去圖書館抱一大堆書回家要讀，卻發現讀不完，是什麼時候的事？你抱著那些書，就像抱著一大袋溫熱的麵包，迫不及待地想要品嘗。你上一次打開一本書，攤在自己的眼前，認真地讀了一遍，又是什麼時候？那簡直像天堂一樣！像烤麵包一般美妙。你上一次發現一家非常棒的舊書店，一個人在裡面逛了幾個小時，在書架之間流連忘返，是多久之前？沒有待購清單、沒有預設，只是四處逛逛嗅著灰塵，從架上拿起小小本的書翻翻內文，不喜歡就放回去，喜歡就帶回家，又是多久之前？就這樣逛到忘了時間，找出自己要的那本書。」

如果你希望用更正式的方法來補強人文素養，其實許多大學院校和社區大學都有文史哲課程。我就曾經和我的兩個孩子一起去劍橋進修，當時我旁聽了關於狄更斯作品和維多利亞時期的英國文學課；我女兒凱特選了莎士比亞喜劇；兒子威爾則選了達爾文和現代科學。家人們一起待在三一學院（Trinity College）的三一學堂，整整三週完全沉浸在書本中，並且興奮地交流彼此學到的美妙知識。

傑米・拉斯金（Jamie Raskin，見附錄人物小傳15）現任美利堅大學（American University）的憲法學教授，曾經在波士頓擔任副檢察長。他曾說：「**不要讓自己的野心阻礙了智慧的成長**，正如哲學家維特根斯坦（Ludwig Wittgenstein）所言，『野心乃思想之死』。我有許多朋友和我一樣具有雄心壯志，但只要出現任何可能顛覆或危及野心的想法，他們就會加以屏除。」

「智慧讓我們得以看到事情的不同面向，然而社會上無論是公共體系或私人領域，經常要求人們在私生活、政治、意識形態等各個層面上循規蹈矩，顯然依循他們的規則就可以取得成功。但我想，如果不希望你的智慧被野心所扼殺，唯一方法就是不要害怕失去，別怕自己說的話被別人認為是錯的、瘋狂的、或社會還沒準備好接受。……比較具體的做法是去學習快速閱讀。人們總說自己沒時間閱讀，但我覺得，『當有疑問的時候，就去讀書吧。』我可以在幾個小時內讀完一本書。」

CBS的高階主管芭芭拉・柯迪（Barbara Corday，見附錄人物小傳16）在談到教育時則說：「我和年輕主管們談話時，常建議他們忘掉自己的學位，許多年輕主管非常看重自己的學歷，但他們忘記過去一百五十年來，大多數美國領導者根本沒有MBA或博士學位。我只有高中畢業，後來就沒再接受過正規的教育，這麼說並不是因為我對此很自豪，但我也並不會感到羞恥，在媒體業中，多數人都沒有與工作本身相關的高學歷，這行裡人文教育可能是最重要的，我覺得自己已經擁有相當的素質，即便我沒有學位。」

「過去五年來，我接觸過擁有各種學位年輕人，但他們卻缺乏娛樂產業所需的一些人格特質，包含表演的才華、熱情和純真，這讓我很難過……比起商學院MBA，多看看戲劇作品、閱讀、了解經典、讓思想保持開放並熱愛體驗，這樣更容易在這行取得成功。」

英國管理學家查爾斯·韓第想必也同意她的觀點。他告訴我，他在史隆管理學院（Sloan School of Management）學到的首要教訓是，他根本不需要去上學。

然而嬌生（Johnson & Johnson）的前任執行長詹姆斯·伯克（James E. Burke，見附錄人物小傳17）卻在攻讀MBA期間學到了許多東西：「我進入哈佛商學院時，帶著一身本領，就是我從家庭、教會和其他地方學來的東西，是旁人認為我該有的樣子。當時我還很年輕，不確定自己能否在商場上取得成功，我真的很困擾。但就像這個國家的許多人一樣，我後來才了解到商場上的一些箇中道理，那就是為了取得成功，不得不遊走在道德邊緣。我想很多人都有這種感覺。商學院對我來說是一個巨大的突破，因為自己以前學到的那套到了商學院都不受用了。**成功之路應該是光明磊落的。**」

全錄公司（Xerox）前任高階主管倫恩．札菲羅普洛斯（Renn Zaphiropoulos，見附錄人物小傳18）曾創辦靜電印刷大廠維瑟泰（Versatec），他的教育歷程始於家庭：「我的希臘籍父母在埃及把我扶養長大。父親是一位船長，長年在蘇伊士運河往返，他沒有任何大學學位，但他去過很多地方，而且很愛讀書，父親常說，『家庭就是你的大學。』他還是個詩人，每個禮拜天我們都會去聽古典音樂，而不是上教堂，他告訴我說，**不要因為別人做了什麼，就跟著去做，要做對自己而言有正面意義的事**。我是個好學生，雖然沒有全拿最高分但還算可以了。除此之外，我還有很多其他的興趣，例如學畫畫、作曲、木工、寫詩。也就是說，要學會行銷、工程等技術算是簡單的，但學習如何讓自己和部屬在工作上達到最佳表現，這才是最難的，充分理解人的行為原則非常重要，唯有如此才能成為好的管理者和領導者。」

企業家約翰．史考利（John Sculley，見附錄人物小傳19）和詹姆斯．伯克一樣相信正規的教育體制，並取得了企管碩士學位。史考利的資歷眾所周知，他在百事公司（Pepsico）的成績斐然，之後蘋果的聯合創辦人賈伯斯向他提出邀請，問他是想一輩子賣飲料，還是要改變世界。史考利後來出任蘋果執行長，他告訴我：「教育與商場之間還是有真誠且有意義的關聯，會吸引我目光的人都是夢想家。我喜歡住知名大學附近，因為喜歡去學校的圖書館接觸那些學者，大多數新興產業都是在重要的大學社區周圍萌芽，**這意味潛在的領導者的出身，有別於傳統狹隘的背景**。蘋果電腦不是什麼高科技風潮，重點並不是有多少電腦科學家用我們的電腦，而是有多少藝術家使用它。」

唐・瑞奇總結：「教育有助於培養思想能力，如果沒有教育的幫助，大多數人是學不到這些技能的。我不知道人文學科是否比商業教育更好，但我認為大學可以幫助你學會如何思考和分析問題、全方位看待事物，並了解如何將細節結合在一起。在我看來教育與實務經驗相符是最好的。」

在讀希伯來學校時，一位老師曾告訴羅傑・古德：「別人可以奪走我們擁有的珠寶、汽車、皮衣和房屋，但永遠拿不走自己的教育。」古德自己則說：「人可以不斷學習，對學習的抗拒也是可以改變的。每個人對新事物多少都會有一些抗拒，這是因為固執和過往受到的影響。」

古德自己並沒有這樣的抗拒，他說道：「我閱讀的時候會先吸收，再加以粉碎、切斷，然後再使用這些知識，所以當我充分運用後，它們早就已經不再是原來的形式了。」

這就是學習的態度，主動、熱誠，而且因人而異。你所讀的內容應該要對你自己有幫助，並把知識變成自己的。最後用美國女童子軍理事會（Girl Scouts of the USA）執行長弗朗希絲・海瑟班（Frances Hesselbein，見附錄人物小傳20）的一句話來作結：「如果有什麼是我真正相信的，那就是每天不斷學習的喜悅。」

豐富自己的經歷

旅行則是另一種學習方式，有關於旅行的所有陳腔濫調都是真的。旅行確實能拓寬視野、帶來啟發，它可以立刻改變你的觀點，因為面對不同的環境時，你會需要用新的、不同的方式來應對。每個國家的風格都不同，有些地方的人很放鬆，有些可能比較拘謹、比較保守，或者比較善變；他們的生活也各不相同，比如在巴黎，許多商店在八月時會完全關閉，西班牙的午餐時間很長，吃完還要午睡，然後很晚才開始吃晚餐；語言也會形成障礙，像是最簡單的交易可能會因此變得很複雜。

我有位朋友有次從倫敦飛到巴黎，光是英鎊兌法郎就讓她困擾許久，她還說：「我不管說英文還是說法文都不對，有次走進一間小店，用法文說要買四包菸，但老闆瞪著我，好像我是神經病。因為其他人頂多會買一兩包菸，最多也就是十包左右，後來我才知道，我把四說成了十四。」*

旅行帶來的新視野，至少有一部份是取決於你對這一段過程的投入程度。沉浸在不同文化中的人，可能會比去巴黎麥吃麥當勞的人學到更多，此外融入在新文化裡也不等於就要「模仿當地人」，戴著貝蕾帽坐在雙叟咖啡館（Les Deux Magots），並不表示你有在思辨學習。如果你失去對自身文化的理解，那只是披上了另一種文化的外衣而已，還是需要辨別兩者差異。

文豪亨利·梭羅（Henry Thoreau）寫道：「如果你從另一個角度看世界，你會看得更清楚。到了異鄉，看待任何事物都會有另一個角度。」經濟學家托斯丹·韋伯倫（Thorsten Veblen）認為：「許多猶太人發展出敏銳的智慧，因為他們長年流亡，身處外地的異鄉人能夠看到更多，視野也更新穎，在旅途中不僅需要充分發揮自己的能力，還需要重新檢視自身原本的優缺點，並嶄露出新的優劣勢。」美國開國元勳傑佛遜和富蘭克林都熱愛遠行，都曾在歐洲待過很長的時間，離鄉背井的人往往會學到更多。

猶太拉比艾爾弗雷德・戈特沙爾克自小就學到了身為局外人的教訓：「我以難民的姿態來到美國，我沒有身分，或者應該說，我只有一個負面的身分。我是一個猶太人、也是德國人，穿著打扮很古怪，語言不通又很窮。但最後我是以平均分數九十二分從布魯克林男子高中（Brooklyn Boys High）畢業，還是橄欖球隊員。我很早就獨立了。」

許多領導者的旅行經驗都很豐富，此外他們的生活也很多元，有的人週末會畫畫、寫詩、下廚，並且總是抽空反思。神話學權威約瑟夫・坎伯（Joseph Campbell），在去世前不久的一次採訪中，告訴政治評論家比爾・莫耶斯（Bill Moyers）說：「人必須有一個專屬自己的空間，或者一天中要有某個小時去忽略當天的時事消息、遠離朋友的干擾，忘卻自己與他人的關係，或別人對你的虧欠，

＊本段文字寫成時，歐元尚未啟用，歐元係於二〇〇二年元旦才正式兌換。

然後純粹地體驗或展現自己的模樣，思索未來或可能成為的模樣，那就是孵化創意的所在。一開始你可能會覺得什麼也沒有改變，但是如果長期這麼做終究會有所不同。」

無論你選擇每日花點時間靜修，還是正式的休假一段時間，你都可以利用這段時間接近自己的靈魂、想像力，真正反思自己的經歷並且從中學習，進而感到煥然一新。

向良師益友學習

每個人都需要暫時喘息的空間，但也很需要真正的互動，人們需要導師、朋友和心靈上的支持。

據我所知，任何時代的領導者都至少有一位導師。這些導師能在他們身上找到他們自己原本不知道的特質，有可能是他們的父母或年長的手足，或者一些前輩，告訴他們該做什麼或不該怎麼做，又或是激發他們原本沒有意識到的潛力。

當被問到什麼人曾帶給他啟發，民主黨議員傑米．拉斯金說：「我最欽佩的人往往是我生活中認識的人，或是一些歷史人物，他們總能夠看透事情的真諦。

我很佩服金恩博士，小時候就讀過他寫的一些文章，對我產生了很大的影響。他說每個人都是相互關聯的，所有人類都是整體過程的一部份，假如傷害了自己的兄弟，也就等同於傷害了自己。很多領導者都有這樣的能力，可以看到全人類是如何緊密相依、社會的每個環節是如何交互作用，以及所有事物是如何共同前進。我父親也有這樣的特質，他能夠看出這些關聯，並看到每個人的人性……我父親教導我思考，而母親教導我寫作。」

飛行員布魯克．納普則說：「我從祖母身上學到了對於品質與表現的敏銳度，她是一家之主，也是她要求我一定要讀完大學的。」

艾爾弗雷德．戈特沙爾克擔任過大學校長，也從各式各樣的人身上學習，他說：「母親教我如何煮飯、縫紉和打掃，所以暑假的時候我就跑去卡茲奇（Catskills）打工。十六歲時我父親過世，所以我很早就學會要勇敢，我的人生導師有父親、母親、拉比，還有我的足球教練，在球隊裡有愛爾蘭人、非裔黑人、義大利人和波蘭人，他們都是我的家人。從某種意義上說，球隊讓我成為了真正的美國人，也讓我學到了永不放棄的道理。」

羅傑．古德的人生導師是在大學遇到的。他說：「我有四十個堂親表親，但我是唯一讀大學的。他們都很成功，但他們並不重視學校，比較看重計謀和江湖智慧，而不是教育。所以我就像一張白紙進了學校，沒有先入為主的觀念、沒有什麼限制或約束。許多經典作品都帶給我很大的啟發，它們是我踏入另一種生活的基石，是自己的私密世界可以獨自欣賞，不必與任何人談論。剛上大學的第一個學期，我覺得好像踏入了一間很大的奇妙糖果店，有各種知識在等著自己去嚐試。其中我遇到一位哲學教授，他立即就成為了我的知識榜樣，也下定決心要成為一名哲學家，因此我必須學習一切。」

勞勃．道克森則在書中找到了他重要的人生導師和榜樣：「我的導師是在書中讀到的，不是實際認識的人，比如探險家李察．柏德（Richard Byrd），他帶給我很大的啟發。通常我不會去羨慕別人，也從不試圖模仿任何人，除了在高爾夫球場上。」

朋友可以帶給你靈感和鼓勵，和其他更多東西。美國大學婦女聯合會執行長安妮．布萊恩特說：「朋友非常重要，一定要向他們學習，因為他們能告訴你真相。」

芭芭拉．柯迪的創作夥伴也是她最好的朋友，她說道：「芭芭拉．艾維頓

（Barbara Avedon）和我合作得非常愉快。我女兒以前都說我們兩個是靠笑聲過日子，因為每次她打電話到辦公室來，都聽到大笑聲。八、九年來不僅是合作夥伴、生意上的合夥人，還是最好的朋友，以及交換養育小孩的心得，還會一起度假，兩個家庭之間關係非常親密。認識相遇的時候恰巧是女權運動興起的初期，我覺得那是一段有趣的共同經歷，我們都曾經歷離婚和再婚，也都渡過了撫養孩子的過程，彼此的相處真的非常特別，我很珍惜。」

想必就是這一段友誼，讓柯迪創作出《警花拍檔》（*Cagney and Lacey*），這是一部長壽的好評電視劇，講述的故事正是關於一對身兼閨密又是工作夥伴的女員警。這部影集不僅是首部以女性好友作為主角的熱播劇，也是首部聚焦在警察工作與生活的娛樂作品。

在約翰．史考利任職蘋果期間，他在科技業中結識了計算機科學家艾倫．凱（Alan Kay），獲得了許多啟發和一段友誼。「艾倫．凱是我的精神導師，」史考利說：「他外表和穿著看起來都不像個領導者，但如果你相信創意的力量，他就是個創意的泉源，一個非常有創造力的人，能在由規律組成的理性世界裡走出捷徑。」這位天才科學家在史考利的生命中，扮演著近似於梅林之於亞瑟王的角色。

朋友們在一起有時可能只是互相支持和鼓勵，例如校友、戰友或生意夥伴，但有時這樣的集合能創造出歷史，比如小羅斯福總統的智囊團、艾森豪總統的總參謀部、甘迺迪總統的愛爾蘭幫（Irish Mafia），還有文人團體布盧姆茨伯里派（Bloomsbury），以及包浩斯設計學派（Bauhaus）。

二戰初期，原子彈之父歐本海默（Robert Oppenheimer, Jr.）在新墨西哥州洛斯阿拉莫斯（Los Alamos）帶領了一個世上最頂尖的團隊且為最高級的俱樂部，這些科學界的高手雲集在一起，研發出原子彈。歐本海默說：「這個非凡的團體是因使命感、責任感和命運而凝聚在一起，所有人步調一致，全心投入，毫不自私地奉獻，致力完成一個共同的目標。」

嬌生前任執行長詹姆斯·伯克也說他有一群與眾不同又非凡超群的朋友。這群人都在商場上取得高度成就：「我在這世上最親密的六個朋友都是在哈佛商學院認識的。我想自己的摯友人數可能比一般人還要多，而且都是同學，之所以會成為朋友，很大程度是因為彼此價值觀相似，都非常投入工作，也為在生活中有機會做到這些事情而感到興奮。事實上是共同的價值觀把一群人連結再一起，彼此用相似的眼光看待世界，而且最重要的是，我們交流的時候很開心。」

在逆境中前行

學習、旅行、人際互動、工作、娛樂、反思，這些都是知識和理解力的泉源，但有趣的是，錯誤也是一種學習。英國演員約翰・克里斯（John Cleese），不僅在多部電影作品及巨蟒劇團（Monty Python）有令人難忘的喜劇演出，他還撰寫並製作出許多商業教育訓練影片。他說：「如果我們不能冒險，不能說錯話或做錯事，我們就會毫無創造力……**創造力的本質並不是擁有某種特殊的才華，而是參與遊戲的能力**。」

他繼續說道：「在一些不允許犯錯的組織裡，會發生兩種完全無益於生產力的情況。第一種，因為錯誤被認為是『不好的』，那麼如果犯錯的人是高層人士，為了掩飾缺失，多數人就會嘗試忽略錯誤的證據，或是選擇性地重新加以解釋，正因如此錯誤無法受到修正；第二種，如果是基層職員犯了錯，那所有人就會設法隱瞞這些錯誤。」

我對談過的領導者都不認為犯錯是「不好的」，他們不僅相信錯誤的必要性，甚至認為犯錯其實是一種成長和進步。

幸運超市的前執行長唐・瑞奇說：「即使你天生善於分析情勢，也必須接受自己有時得在不確定的情況下做出決定。就算你很想等到最後一條關鍵資訊到位再做出正確決定，你也可能根本沒有時間或是資源，所以你只要獲取百分之八十或八十五的資訊就好，並且盡最大的努力去補足剩下的部份，這固然表示你有時候可能會出錯，但也會發展出明快的行事動力與節奏。」

芭芭拉・柯迪也**認為領導者不會總將「失敗」視為錯誤**，她說：「我最喜歡的計畫是一部名為《美國夢》（*American Dream*）的電視劇，裡面有很多議題，也製作得很棒，編劇和表演都十分出色，是很好的作品。客觀來說這是一部成功的電視劇，但不知道為什麼，觀眾就是不喜歡看，只播出了五、六集就被腰斬。這是一次碰壁，但我不認為這算是失敗，更不是一個錯誤，所以我不會太過介意。人都可以犯錯，只要你問心無愧，也盡了最大的努力……我不怕犯錯，也不怕事後說，『天啊，那是個錯誤，不如來試試別的方法吧』，我認為這能贏得人心。」

「我當然也不會為了譁眾取寵而故意規避犯錯，但當犯錯時自己一定會承認。我也會說，『你的點子更好，不如就照你的方式做』，我不會懷疑別人，如果雇用你來做某件事，我就會放手讓你去做。」

事實上，詹姆斯．伯克還鼓勵嬌生錯誤：「我認為團隊最需要的就是一種鼓勵冒險的氛圍。我的前提是，如果允許團隊去做他們想做的事情，我們一定能做出成果。事後看來，我以為所有人都能做到目標，這確實有點天真，但另一方面，我也發現許多成功案例都有同樣的特徵，**那就是假如你相信成長來自於冒險，且少了冒險就無法成長，那麼在領導人們成長的過程中，就一定要讓他們自己做決定和犯錯。**」

伯克接著講述了他自己犯錯的經歷：「有一次我開發了一個新產品，結果失敗了，老闆把我叫進去，我心想將被他開除。當天我上班遲到，而一進辦公室他的秘書就打電話來，老闆總是很早就在辦公室裡。我記得我走進他的辦公間……老闆對我說，『我知道你損失了一百多萬美金。』我有點忘記確切的數字，但總之是一大筆錢。我回答，『是的，的確如此。』然後他站起身來，向我伸出手說道，『我只是想恭喜你，**所有的生意都是在做決策**，做決策一定會有失敗的時候。我工作上最困難的就是放手讓你們自己做決定，如果你再犯同樣的錯誤，我一定會開除你，但我希望你還能再多犯一些其他的錯誤，並且明白成功沒有那麼容易。』」

導演薛尼・波勒則說：「我和新人演員共事時，我跟他們說，『你們絕對不可能會犯錯。』如果你一直想方設法不要犯錯，那才真的會出錯，因為你會很緊張，當一緊張就什麼也做不了……相信直覺就是最嚴謹的做法。許多人總是在生活中花費大量的時間防患未然，希望事情的結果都是成功的，或至少要可以接受、不能顯得太愚蠢，但真正優秀的演員必須有能力把自己變得很愚蠢，否則他就沒有辦法完成任何具有原創性的作品。」

相信直覺往往能帶來成長，雖然有時會造成犯錯，但有時會直接帶來輝煌的成果。這股衝動是很神聖的，這也將在下一個章節中繼續說明。

霍勒斯・迪茨（Horace B. Deets，見附錄人物小傳21）一直擔任美國退休者協會（AARP）的執行長直到二〇〇二年退休，他也同樣認為職場上需要建立一種寬容的文化。他說：「我試圖鼓勵開放和相反的觀點，鼓勵不同意見並容忍錯誤是很重要的。」

前教育部長雪莉・霍夫斯特德勒總結道：「**如果你從未失敗，就表示你從未努力過。**」

每件事情都能讓你學到一些東西，如果你全心地投入，就能學到大部份的課題。唯有當你思考、分析、檢視、質疑、反思，最終理解所發生的事情時，經驗才會真正屬於你。關鍵是運用你的經驗而不是被經驗利用；要成為自身經驗的設計師，而不是被設計，如此一來它才能賦予你力量而不是將你禁錮。

企業家賴瑞．威爾遜（Larry Wilson，見附錄人物小傳22）是一所創新式學習中心的創辦人，他曾將自己描述為「改變遊戲規則的人」。在童年曾經有一段重要的經歷：「七歲的時候我就知道何謂風險，那時自己剛從明尼亞波里斯搬到小岩城，是全班最矮小的同學，班上無論男、女生都很高大，甚至桌子也比較大一張，更糟的是我跑得很慢，還有北方腔，這些種種因素加在一起，讓我每天的午休時間都很焦慮，『南北內戰』彷彿每天都在校園裡重演，而自己節節敗退非常痛苦。」

「有一天神父來學校講道，在枯燥的課堂裡，我突然跳了起來站在全班面前，模仿手風琴家勞倫斯．維爾克（Lawrence Welk），叫同學們跟我一起唱〈修女愛神父〉（*Sister Loves Father*）。你得是天主教徒，才能了解我的罪行有多嚴重。一瞬間我從全班的霸凌對象變成了英雄，所有人目瞪口呆地坐著，修女班導師事後重重地懲罰了我，但我卻大有收穫，那件事讓自己明白，為了不可思議的益處值得冒風險。」

這就是一個企業家的成長經歷，他在小岩城的教會學校裡渡過了一段痛苦的日子，本有可能就此成為一個脆弱的人，如果他用不同的方式去承受那段時日，就有可能會從此黯淡。

威爾遜繼續說：「對多數企業家而言，當然也包括我，主要的推動力是願景，你就是會熱切地想要去實踐它。我認為扣人心弦的願景結合應付風險的能力，是成功企業家背後的魔力。只要**你先在頭腦中提前想好處理風險的方法，這樣就不畏懼邁向任何地方**，因為你一心朝著目標前進。」

所以，領導者會從他們的經驗中學習，而從經驗中學習的意思是：

- 回顧童年和青少年時期，將當時發生在你身上的事化為此刻的力量，藉此成為自己生命的主人，而非僕人。
- 有意識地尋求能提升和拓展自我的經驗。
- 視風險為必然，因為知道失敗不可避免且至關重要。
- 把自身與世界的未來視為機會，去做你還未做過的事情，以及必須實踐的事，而不是將未來視為考驗。

那麼要如何抓住機會？

首先必須用本能去感知，然後跟隨著油然而生的「神聖衝動」。「相信自己的直覺」是接下來要討論的主題。

Chapter 5

邏輯與直覺並重的「全腦思考」

以下兩件事對我來說顯而易見。一是為了成為密西西比河上的領航員，就要盡可能學習不為人知的知識，越多越好；另一個是，他每天都得用不同的方式複習一遍。

——馬克·吐溫（Mark Twain），
《密西西比河生活》（*Life on the Mississippi*）

生活從來就不簡單，而且越來越複雜。簡約主義者認為，現實是機械式、靜態、可切割與理性的，但事實上生活是有機的、動態、整體和模稜兩可的；他們把關係看成是線性、有序和連貫、離散、單一和獨立的，但事實上這些關係是平行、同步、相連、相對、多重與相互依存的；他們更是宿命論者，相信因果關係，但事實上一件事有無限可能，沒有什麼是不可避免的；他們總戴著方形的帽子，但應該試試戴上闊邊帽。

為了不要讓你覺得以上說法太過複雜，讓我引用作家卡爾・薩根（Carl Sagan）的《伊甸園之龍》（*The Dragons of Eden*）：「我們確實可以認為宇宙中的自然法則非常複雜，但是我們生活的宇宙並非如此。為什麼這麼說？我想這可能是因為，沒有能力參透自身宇宙的生物都滅亡了。有一些生活在樹上的古老猿類物種，牠們無法計算出自己從一棵樹移動到另一棵樹的軌跡，於是數量就越來越少。」

宇宙可能不複雜，但它同時也確實很複雜。正如前述所提，社會法則比自然法則更複雜，也更加不確定，但是即便情況複雜，人們也不能停滯不前，而是必須繼續從一棵樹盪到另一棵樹。這些樹象徵的是自我的想法，而抓住樹枝的手臂則象徵是腦袋，進一步來說，也可以採納數學家懷海德（Alfred North Whitehead）的建議：「**先尋求簡單，然後在質疑它。**」

正是機械式的觀點造就了墨守成規的人，也造就了組織中的諸多問題。相反的，唯有個體將自身的創造力和道德力量發揮至極，便能重塑自我和環境，藉此重振人們身處的組織。

最近的研究已清楚指出，大腦運作的位置並不像大多數人以前認為的那麼嚴格。不過美國的企業文化還是屬於左腦文化，講究邏輯、分析、技術、控制、保守和管理，從某種程度上說，我們都是這種文化的產物，被相同的特徵支配與塑造；然而體制裡需要更多右腦的特質，比如直覺、概念、綜合和藝術，當然我們個人也同樣需要這些特質。

在為這本書採訪了許多人，與他們對話時，我不斷震驚於同樣的事實：「無論這些領導者從事什麼樣的職業，他們對直覺與概念的依賴程度，絕不亞於邏輯和分析，他們都是全腦型人才，能夠左右腦並用。」

許多企業中，管理者充當左腦，研發人員則是右腦，但執行長必須將兩者結合起來，既有管理能力又有想像力。

在多數公司的高階管理者中，很少有人能從幹練的管理者轉變為成功的領導者，原因之一就是因為企業文化乃至整個社會，都認可及獎勵左腦思維的成就，而漠視右腦思維的成果。成本邏輯的思考模式就是左腦思維的強項，習慣是在左腦中形成而在右腦被破除。

當安妮・布萊恩特擔任美國大學婦女聯合會的執行長時，採用所謂的「熱氣球練習」來鼓勵員工進行富有想像力的思考：「登上一個想像的熱氣球，從高處綜觀整體，檢視一下自己看見了什麼、看到了誰，他們在做什麼，以及他們可能在做什麼。舉例來說你可以想像一下，如果你投入五十萬美元用於兒童發展研究或青少年懷孕關懷，會發生些什麼事。」

時任美國紅十字會（American Red Cross）執行長理查・舒伯特（Richard Schubert，見附錄人物小傳23）承認，他們組織經常陷入困境，也陷入左腦習慣和右腦願景之間的矛盾。他告訴我：「我常常在支持現有結構以及改變結構之間掙扎，這兩個需求都同樣明確。」

弗朗希絲・海瑟班看到了社會變化，其中包含了弱勢族群人口的增加，而她設想了自己帶領的組織該如何為這些變化做好準備：「女孩們的需求也正在改變，我們正在探索不同的方法來滿足這些需求，並且提供服務。我準備建立一個創新發展中心，它不是一個實際的場所，而是一群人、一種觀念，這組新團隊將直接與女童子軍理事會合作，開發新的模式，藉此接觸到高度多樣化的群體，找出和培訓在地領導人，這將會越來越重要。」

布萊恩特、舒伯特和海瑟班都採用全腦思考法，來帶領他們的非營利組織走出傳統，並進入創新模式。除此之外，他們三人過去都曾在私營企業取得成功，並在中年階段做出重大的職業改變。而且都異口同聲的說，他們都說自己非常喜歡非營利組織的任務。舒伯特簡潔地表示：「這是我做過最興奮和最具挑戰性的事。」

同樣從私營企業轉戰公部門的科學家瑪蒂爾德．克里姆說：「成長需要好奇心去體驗差異與同質性，去探索和融入新的環境，才能觀照你的經歷並從中得到收獲。」

運用全腦思考法包括學會相信文豪愛默生所說的「神聖的本能」，也就是直覺或預感，能在一瞬之間讓你看到正確的方向，**每個人都有種洞察力，只不過領導者學會去加以相信。**

相信你的神聖本能

我也想在這裡重新引用諾曼・李爾說過的話，他說愛默生的《自立》對自己的領導者之路有深遠的影響：「愛默生談到，傾聽並跟隨內心的聲音，不要理會其他聲音。不知道是從什麼時候開始，我就明白內心的聲音具有某種神聖意涵，並不是在高中、大學，甚至年輕的時候，而是在成年之後不斷成長的某些時刻。」

「我開始接納這種聲音。身為一個編劇，我怎麼有辦法在寫不出第二幕的時候跑去睡覺，隔天早上一醒就有靈感？就是聽從內心的聲音（坦白說，我並不是每此都能做到），但那真的是最純粹也最真實的部份。如果放棄了自己的想法和觀點，最終他們就會變成別人的，讓你覺得很陌生……所以我學到的教訓是，要相信自己。我表現得最好的時刻，都是來自傾聽自己內心的聲音。」

我認為，跟隨這股「神聖的本能」是領導力的基礎，唯有如此，有方向的願景才得以實現。對於右腦思考的其他需求，也在我與領導者的對話中不斷出現。

作家兼女權領袖格洛麗亞・斯泰納姆（Gloria Steinem，見附錄人物小傳24）有過去服務於企業的經歷。她說：「如果你是一個非線性思考者，那會有所幫助，在企業工作需要一定的說服力，也就是說，在我看來有同理心的企業家總像是商場世界的藝術家，能將過去從未擺在一起的事物整合在一塊。」她在談到成功的定義時，說了類似的話：「對我來說進步的模式不是線性的，成功就是自我完善的完整循環。」

音樂家賀伯・艾普特（Herb Alpert）也描述了他是如何工作的：「我是一個右腦思考者，不是傳統意義上的成功人士，我吹奏樂器並依靠直覺處事。比如當肩膀很緊繃時，我就知道有事要發生了，身體就像晴雨計……當有人放音樂給我聽時，我就徹底沉浸其中。我試著讓內心的偏見隨風而逝，大多數的時候，我仔細傾聽自己的感覺。」

依賴直覺，使艾普特成為了成功的音樂人和商業人士。A&M唱片公司的長期合夥人吉爾・弗里森（Gil Friesen，見附錄人物小傳25）是這樣評價他的：「他直覺地知道什麼是對的、什麼應該做具有能力時不時地跳脫自我，去審視、觀察和提問。他在公司的架構下發展自己的事業，這是一個非常理想的情況，而當他做出決定的同時，也就重塑了自己的職業生涯。」

艾普特認為，**在處理眼下問題的同時，也要對未來有願景**，並且「相信」信任的力量。談到兩位共同創辦 A&M 的夥伴吉爾・弗里森和傑瑞・摩斯（Jerry Moss）時，他說：「這間公司真正的動力在於傑瑞、吉爾和我之間的互信，還有旗下音樂人對我們的信任，他們說與我們共事更加自在、有靈感，因為會關心他們在做的事。此外身為一家私人經營的獨立品牌，所以也能更加靈活。」

弗里森也說：「我無法告訴你『獨立』有多重要，然而卻對公司的職員和音樂人都非常重要，它有一種魔力。」他笑著補充，「我們從不把發行的唱片或旗下的音樂人稱為『產品』，因為認為這是一種貶低。」

蘋果公司前執行長約翰・史考利也鼓勵他的部屬提出更多元的建議，並以願景取代市場研究：「如果有人建立了一個意見跟他完全一致團隊，那這可能是他人生所犯下最大的錯誤。我發現最好讓技能各不相同的人組成團隊，並讓這些不同的技能共同發揮作用。**領導者的真正功能，是要找到方法來讓不同的人與元素一起結合運作。**」

「人們往往不知道自己想要什麼，也無法具體描述出來，直到想要的東西在眼前出現。如果我們在麥金塔電腦（Macintosh）上市之前先做一大堆市調，要消費者描述出心目中理想的個人電腦，他們一定會想出一些跟麥金塔完全不同的產品。但如果將麥金塔呈現在大眾面前，並問，『這是你想要的嗎？』他們會說，『對。』你必須有能力使抽象概念變得可以具體辨認的物件，唯有這樣人們才能接受或拒絕它。」

在學界擔任管理職務的艾爾弗雷德．戈特沙爾克在招募新人時，也會尋找具有右腦思考特質的人：「我首先會看性格，看這個人是否能激發他人的信任；接著會看他是否有想像力和毅力，有沒有堅定不移的目標。比如，假如有人來面試這個單位最高階的管理職務，但我發現他大學時的代數或微積分成績都很差，最後卻還是進入了會計產業，我就會想知道他的金融觀念是什麼。我會嘗試多方考察這個人，然後根據直覺做出決定。我必須對這個人有好感才行。」

就算你要處理的是事件而不是人，右腦思維也會派上用場。瑪蒂爾德．克里姆在她早期作品中，談到了直覺的重要性：「我對生物學問題總有很強的直覺，我不記得自己曾經做過什麼徒勞無功的事。我可以直接辨別染色體，有一次有位同事說他從一隻狗兒身上分離出了一個新的細胞序列，我看著它，但立刻發現這不是狗的細胞，我觀察了染色體立刻知道這是老鼠細胞，後來我們做了細胞測試，證明我是對的。如果是做產前診斷，對我來說就更明確了，在第一次觀察淋巴細胞的時候，就明顯看出男性和女性細胞之間的差異，因此就開始對此進行了有系統的研究。這當時這在媒體上引起了轟動，但這對我來不過是一件很簡單的事。」

對克里坶來說這是件很容易的工作，因為她富有見解並相信自己直覺，但在當時真的是前所未有的突破。

幸運背後是踏實的努力

與我談過話的領導者，也相信運氣很重要，但他們對此有特別的解釋。

美式足球教練文斯．隆巴迪（Vince Lombardi）曾說：「**運氣是準備與機遇的結合。**」嬌生前任執行長詹姆斯．伯克最為人所知的，就是他如何巧妙地處理泰諾止痛藥被篡改的事件。伯克說自己是一個聽從「直覺與本能的人」，同時能進行邏輯思考，當聊到領導職務時，他說道：「帶領人群需要很多運氣，我一生中發生的很多事都是意外，如果沒有泰諾事件，就沒有今天的我。**我正好在這個問題上做足了準備，雖然只是偶然的。**」

民主黨議員傑米．拉斯金也談到了運氣和準備：「關於領導力，我給人們的一般建議是，找出自己最真實的一面並堅持下去。但我真的相信運氣在人生中佔了很大一部份。中世紀政治學家馬基維利說過，財富偏袒勇敢的人，我認為既要有所準備也要大膽，但也要有運氣。拿破崙說他麾下所有將士的特質中，他最喜歡的就是有運氣的人。人生的每一個階段中，都會被運氣影響。」

導演薛尼・波勒對於右腦思考則做出最好的描述，他說：「右腦思考即是某種『受控的自由聯想』，所有的藝術都源於此，我們所謂的白日夢和靈感，科學名稱就是自由聯想。右腦思考就是維持自由聯想的能力，也是獲得靈感的方式，當有了想法之後就要相信它，即使它們可能會違反某些常規，並且要有信心和勇氣去實現它們，不能害怕失敗，否則就只能模仿別人。假設你去上了領導課程，或試著用老闆的方式來表達你的觀點、用老闆的方式來裝飾你的辦公間，這都不是真正的領導。真正的領導力是了強調自身的獨特，而非與別人相似的地方。」

波勒還說了一個故事給我聽，奇妙地詮釋了領導力中的「神聖本能」。

「很久以前，我和芭芭拉・史翠珊和勞勃・瑞福（Robert Redford）拍了一部電影，叫做《往日情懷》（*The Way We Were*）。史翠珊飾演一位很想成為作家的女性，她很努力寫作，但一切對她來說都很不容易。瑞福則飾演一位做甚麼都輕而易舉的人，有點像個王子，他並沒有想當作家，偏偏他很優秀、很有才華。她在寫作課上拚命努力，想要寫出一篇非常嚴肅的論文、一個短篇故事，結果教授卻選擇把瑞福的故事讀給全班聽，這讓她很沮喪並且跑出教室，下一幕她衝向垃圾桶，把自己寫的故事撕碎扔掉，然後開始啜泣。」

「我已經架好攝影機，鏡頭朝向垃圾桶，後面還有一棵樹。我一喊『開拍』，她就會從樹後方跑出來，跑向鏡頭，直直地沖向我們，再把紙張扔進垃圾桶裡。當她靠著垃圾桶哭泣的時候，我會把鏡頭移到她的臉上。這部片的第一助導霍克．科赫（Howard Koch, Jr.）在史翠珊的上一部作品《主婦狂想曲》（*Up the Sandbox*）也是擔任助導。我們在現場工作的時候，霍克跑來找我說，『你知道嗎，她非常緊張。』我問為什麼，他說，『她很怕自己哭不出來，之前拍《主婦狂想曲》的哭戲時出了點問題，她就覺得自己是個很糟糕的演員，所以她現在很緊張。』」

「電影業其實有一種道具，是把小小的氨結晶裝在一個底部有孔的小試管裡，就像鹽罐一樣，前端包有紗布。化妝師對著試管吹氣，氨的氣味就飄出來，跑到演員的眼睛裡，演員自然會流淚，但它也會讓眼睛變得很紅，味道也很臭，只是在拍片時很好用。史翠珊請化妝師也站在樹後，我對霍克說，『我不相信她哭不出來，她把挫折的情緒演得那麼好，一定能哭出來。你留在這裡，我去樹後面看。

我一揮手你就開拍。』」

「我走到樹旁發現史翠珊一直在踱步，化妝師拿著試管站在一邊，我立刻把他打發走。她很緊張地問化妝師，『你要去哪裡？等一下，你在幹什麼？』我跟她說，『放輕鬆』，然後走過去抱住她，當我一把抱住時她就哭了。於是我馬上揮手，霍克開拍，她就開始繞著樹行走。」

「其實我什麼也沒對她說，也沒有想出什麼好的指示給她，但是我知道史翠珊有培養出戲中的情緒，只是太緊張而無法表現出來。她已經在腦海中安排好一切，所以當我伸出雙臂擁抱她時，有某種力量使她放鬆了，所以整場戲她哭得很逼真。你可以問我說，『你是怎麼想到這個方法的？你怎麼知道這有用？』但說實話，我打發化妝師離開時根本不知道自己要做什麼，只是相信她會哭出來，因為我在她的作品中看到豐沛的情感，知道她是一個擁有情緒的人，我也不知道該做什麼，所以就依循自己的直覺，當時我也不知道擁抱她的想法從何而來。」

「這種直覺究竟是從哪一刻產生的？是走到樹後面的時候嗎？我不這麼認為，我覺得是看到她時才產生的。而在解決問題的層面上，這代表了什麼？這在當時代表了一個非常有效又快速的解決方式，可能比促膝長談或七嘴八舌都要好上許多，像是『想想你不幸的遭遇』等等。而如果我走到史翠珊旁邊說，『我知道你能做到，我相信你』，她一定會叫我走開，因為那會讓人壓力更大。我認為（我在猜）那是因為她感受到一種真正的支持，因而深受感動，擁抱的那一刻是非常簡單、但具有感染力的，她知道有人真的站在她那一邊，僅此而已。」

這些領導者不僅證明了自信、遠見、美德、勇氣的必要性，還有對神聖本能的依賴，更證明了這股直覺的有效性。他們能從每一個事件經驗中學到東西，甚至是當中的逆境和錯誤。**他們透過帶領別人，學會了何謂領導。**

在壓力之下處變不驚，也可能是這群人的座右銘。沒有人生來就十項全能，有的人甚至一開始就處不利條件，而這些領導者之所以能爬上高峰，是因為他們成就自我。引用詩人華勒斯．史蒂文斯的名言：「他們雖生活在這個世界上，卻處於現有的概念之外；他們以最原初的自己創造出新的世界，他們戴著闊邊帽。」

他們可能會說自己沒辦法教你什麼，但其實已經示範了如何學會你該知道的每一件事。

沒有天生的領導者。人們一開始只是認真地過生活，充分表達自我，當這種表達發揮價值時，他們就會成為了領導者。所以關鍵並不是成為領導者，而是成為你自己，充分發揮你所有的技能、天賦和能量，藉此享受轉變的過程，實現願景。

小說家亨利・詹姆斯（Henry James）到中年才開始寫出優秀的小說，他在《筆記》（*Notebooks*）這部作品中寫道：「我只是讓自己一直前進！我一生都如此對自己說，從那遙遠而熱烈的青春歲月開始，我就這樣對自己說，然而我從未完全做到。這種感覺、這種必須做到的需要，有時以一股命令式的力量籠罩著我，這可能是我獲得救贖的辦法，是我餘生的道路。我擁有長久積累下來的能力，只需要加以運用，持續、堅持，並做得更多。而確認自我價值的方法，是盡可能地敲擊出那深沉、飽滿而快速的音符，到了我這個年紀，生命掌握在自己的手中，整個藝術靈魂都是它的記錄。去吧孩子！全力以赴地嘗試一切、努力去做、表達自我，成為一名藝術家，直到生命最後一天。」

詹姆斯的重要創作都是在這部自我激勵的作品之後寫成的。

因此**竭盡所能地嘗試一切、努力去做、表達自我，並成為你想成為的人吧。**

Chapter 6

七步驟，卓越領導力徐徐湧現

除了自我之外，我有時也會提到「傾聽內心的衝動」，讓自我湧現出來。普遍的人在生命中多數的階段都不會傾聽自己的內心，反而是聽父母親的話、聽權威怎麼說，或者遵循傳統的建議，尤其是孩子和年輕人。

——亞伯拉罕・馬斯洛（Abraham Maslow），
《人性的極致》（*Farther Reaches of Human Nature*）

「讓自我湧現」是領導者的首要任務。是一個人展開行動的方法，秉持著表達自我的精神，而不是向他人證明自己。本章會逐步討論展現自我的方法。領導者透過這七步驟，讓自我像含苞的花，緩緩綻放開來。

想像一下，小時候你被老師點名要在全班面前背誦一首詩，結果你忘記了第二段，便受到老師責罵，同學還因此嘲笑你，從此以後只要一想到自己得在公開場合說話，就不自覺會嚇出一身冷汗。

現在你錄取了一份工作，但這份職務會需要經常在一大群人面前做簡報。你非常想要就職，但對於在公開場合說話的恐懼讓你無所適從。也就是說你的恐懼壓倒了對自己工作能力的信心，阻礙了你採取行動。這時你有三個選擇：

- 向恐懼投降，選擇放棄這份工作。
- 嘗試客觀分析自己的恐懼（但正如精神科醫生羅傑·古德所言，這不一定會導致任何顯著的改變）。
- 具體反思自己最初的經歷。你當時只是個孩子，可能根本不太喜歡這首詩，所以很難理解以及記憶。最重要的是，就算當時受到責備與嘲笑，你的生活並沒有因為這次的小失誤而產生任何重大的損失；你的成績沒有變差，和同學的關係也沒有受到影響。事實上其他人很快就忘記你曾經出糗，但只有你自己還記得，導致這些年一直執著於那種感覺，卻從未深究其中的道理，現在該是思考的時候了。

第一步，學會反思

反思是領導者從過去中學習的主要方法。詹姆斯．伯克告訴我：「讀聖十字學院（Holy Cross）的時候，我們和耶穌會士一起上課，必須修滿二十八個小時的經院哲學。這些課程會迫使你用有邏輯、有紀律的方式思考。我經常覺得這是我職涯成就的重要成因之一，因為自己的思考是比較直覺和本能取向，但透過邏輯訓練，對我非常有幫助，不但有效率地完成哈佛商學院的課業，更加強了自己的信心。工作的時候我經常會看著某個案子，心裡先想好『就這麼做吧』，然後再後退幾步，為這個做法找出嚴謹的邏輯。比起使用邏輯來做決定，我更傾向先聽從自己的直覺，兩種特質的結合會讓我變得更具反思能力。另外我一直認為現今社會缺少哲學家，應該要有更多投入思考的人，因為經濟學者、科學家已經很多了，但思想家卻寥寥可數，這是個很值得關注的問題。但我認為自己比較像個行動家。」

事實上人類的行為不僅與本身思考的課題和方式直接相關，也來自於如何感受所遇到的事物。對此古德也表示同意：「你對事物的感受決定了你的行為。多數人不會處理自己的感覺，因為思考是一項艱苦的任務。抽象思考通常不會讓行為發生改變，反而是讓人對於改變感到矛盾。遇到任何事情，我通常都會採取兩種分析技巧，其一是參考各種不同的觀點；另一個則是尋找問題的核心。」

反思是學習最為關鍵的方式。而反思的做法則有：回顧、回想、做夢、寫日記、和別人討論、回想上週的活動、請別人評論、靜修，甚至是講笑話——笑話可以讓許多事情變得更讓人理解和接受。

心理學家佛洛伊德說，**分析是為了使無意識變得有意識**。他曾經談到「週年紀念效應」的重要性，比如許多人在父親過世的那一天，就徹底崩潰了。那一天一直被困在無意識中，從未反映出來，而所受創傷更是從未疏通與癒合。這時候「反思」就是讓無意識變成有意識的方式，能讓我們觸及問題的核心、事情的真相。**因此經過適當的反思後，就能得知過去經驗對自己的意義，解決這些經驗的方法也會變得更清晰，進而得以採取行動來解決問題**。順道一提我很喜歡「**解決**」

一詞，也認為它有兩種含義：決定性的行動方針，以及解釋或解決方案。這個詞還有另外一種弦外之音，那就是——從不和諧到和諧的發展過程。

關於反思，CBS的高階主管芭芭拉．柯迪則說：「可惜的是，人們總是要等到經歷挫敗之後，才會開始反思自己的經歷，一帆風順、事事順利時，沒有人會停下來反思，但其實這才是你應該思考的時機。要是總等到重大失誤之後才開始思考，會出現兩種情況，第一種是，因為你陷入沮喪無法自拔，所以無法好好思索；第二種則是，你會只看到自己犯的錯，而忽略了自己做得很好的地方。」

這是真的，因為多數人往往受負面經歷影響至深，而不是被正面經歷所塑造。人們在每週之內至少都會發生千百件事，但大部份的人都只會記得自己的失誤而非成果，因為從未好好反思，只是在事情發生時被動回應而已。

劇作家阿瑟爾．富加德（Athol Fugard）說：「他每天都想十件讓自己快樂的事，藉此擺脫抑鬱。」我也發現，當每天早上想想生活中快樂的事情，能幫助我以平和而正面的方式展開新的一天，所以我已經將它變成一種習慣了。想想生活中的小樂趣，比如日出時刻海面上的微光、擺在鍵盤旁邊那剛剪下來的玫瑰、晨起散步後買的大杯拿鐵，甚至那隻等著吃飯的狗兒——當情緒低落時想想這些美好的事情，而不要一直鑽牛角尖，這才是更好的方式。低潮時思考一些值得期待的事物，當自己不再沉溺於其中，就代表已經準備好能去反思那些曾經發生的挫折了。

事實上錯誤中總會包含強而有力的課題，但唯有當我們冷靜地思考、看見自身的失誤，才有辦法做出修正，並根據修正採取行動。

這就好比打棒球時，厲害的打擊手被三振出局後，他不會一直沉浸在失誤中，而是開始改善站定的位置或揮棒的方式。優秀的打擊者就是這樣做的——貝比・魯斯（Babe Ruth）不僅創下全壘打記錄，也創下被三振出局的記錄。想想看，四成是個多好的打擊率——但這也表示，就算被視為最偉大的打擊手，也有一半以上的機會都未能擊中球。

大部份人都因大大小小的失敗而手足無措，並且不斷為此困擾，害怕自己再次犯錯，因而舉步維艱。但當賽馬騎士被抛下馬背，他們會立刻跳回馬兒身上，因為他們知道如果不這麼做，恐懼就會使自己無法動彈；而若是F－14戰機飛行員不得不彈射逃生，他們隔天依舊會坐上另一架戰機，再次升空。雖然我們多數人面對的困難並沒有這麼可怕，但還是可以透過思考來面對自己的恐懼，接著再採取行動，先反思再依照策略行事。正如古德所說：「反思能幫助我們處理自身的感受，可以理解它們，進而解決問題並且繼續前進。」英國詩人華茲華斯（William Wordsworth）認為：「詩歌就是在寧靜中憶起的強烈情感。」在平靜中反思，然後去解決問題。

關鍵是不要成為自身情緒的受害者，不要受未解決的情緒左右，也不要被過往的經驗利用，反而是要有創造性地運用這些經驗。就像作家總會把生活中的經歷轉化為小說和戲劇情節，每個人也都可以把自己的經歷視為研磨台上的穀物。作家伊莎・丹尼森（Isak Dinesen）說：「若將悲傷寫入故事裡，任何傷痛都將變得可以承受。」

你平時所積累的經驗都是在替今後生命打下基礎，當去反思、理解，並且發展出可行的解決辦法，這些基礎會變得越來越穩固。

就像許多領域的先驅一樣，作家兼女權領袖格洛麗亞・斯泰納姆也將探索未知、未經考驗的領域視為自身的使命。她的方法十分直接：「我不太善於思考，所以總是透過行動和實際作為來解決問題。這就是我心中的陌生之地，而身處在陌生之地，是不能有所遲疑的。也因此我是一個未來導向的人，這並不是什麼很好的事，畢竟我們生活在當下，沒辦法預知未來……但我也會去學習，因為認為事情總是會重複發生，我們的學習模式是螺旋狀而不是線性的，過了一段時間終會明白箇中道理。所以我的學習方式並不是反思或者是反覆檢視過往，而是到了某一天，我就知道，『哦，原來如此。』」

「只要以前經歷過類似的事情，你就會知道它什麼時候可能會再次發生，或許會有很長一段時間風平浪靜，接著就突然暴發，接著再風平浪靜一段時間。我認為這些跌宕就是學習的時刻，而我也覺得，人們往往是先以理性去學習，接著才以感性來感受。就像我曾寫過一篇關於我母親的文章，但自己卻看不下去，現在我領悟到自己為什麼會那樣——這文章讓我太悲傷了。」

正如斯泰納姆和古德所言，太多理性思考會讓自身變得不知所措，而真正的反思才能去激發、促成並推動解決問題。斯泰納姆是先去經歷波折，之後再來觀察或反思，這種做法看似輕率卻實則有理，只不過前提是，要能夠把錯誤和失敗視為生活中基本且重要的一部份。可惜的是多數人都沒有那麼聰明或冷靜，要像斯泰納姆這樣的先驅，才有辦法直奔地圖上那塊標示「有危險」的未知領域，他們對自己正在做的事情深信不疑，因而能夠接受志業中必然存在的風險。

要把事情做好，一定要知道自己在做什麼。而想要知道自己真正在做些什麼，則一定要有意識地經歷其中的過程，要去反思自身、反思正在做的事，並且找出解決辦法。

正如在前一章提到的，精神分析學家愛利克．艾瑞克森將人的成長分為數個解決內在衝突的階段，每一階段都會一個課題，他也進一步假設，在每一個衝突真正解決之前，人們是無法踏入下一個階段的。

這些盾頓衝突是如此基本，解決它們亦是如此重要，因此我要用比艾瑞克森更為通用的術語來加以說明。人類一生都受到這些衝突影響，而我採用的解決之道決定了我們的生活方式。以下是我對衝突的重新定義：

矛盾衝突	解決之道
盲目信任 vs. 懷疑	希望
獨立 vs. 依賴	自主
原創精神 vs. 模仿	目標
勤奮 vs. 自卑	競爭力

認同 vs. 困惑	誠信正直
親密 vs. 孤獨	同理心
慷慨 vs. 自私	成熟
幻想 vs. 錯覺	智慧

物理學家尼爾斯．玻爾（Neils Bohr）說：「真相分為兩種，一種是小的真相，另一種是大的真相。我們很容易就能辨識出小的真相，因為它的反義詞就是謊言；但大真相的反面則是另一個真相。」

人們生活中所面對的，大多都是大的真相以及與之相反的另一種真相，而非小真相與謊言，這也正是基本內在衝突有時如此難解的原因。畢竟眼前的問題多半不僅是對與錯的選擇而已。例如，希望介於盲目信任與懷疑之間，但與之對立的絕望也正是如此；而智慧更是通常伴隨著假象、妄想與幻滅。

因此唯有學習反思自身的經歷，直至找出解決內在衝突的方法，接著才能開始發展自己的觀點。

第二步，釐清自我觀點

蘋果公司前執行長約翰．史考利談到觀點的必要性：「改變觀點非常重要，也許是透過在國外生活，或大量旅行來改變，因為當觀點變了你整個人也會跟著改變。同樣一組事實只要轉換一下觀點，一切就會看起來完全不同。領導者的其中一項必備能力就是觀點，不一定要發明全新的想法，但必須能夠將想法融入現有脈絡中，……我用人時，都會去看他們是否有辦法將自身經驗轉換為想法，並把想法融入事情的脈絡中。」

你的觀點是什麼？以下的問題應該能為你開啟一些思路：

一、思索一個新專案時，你首先考量的是成本還是收益？

二、專案的利潤與進度，你把哪一個排在第一位？

三、你想要有錢，還是要有名？

四、如果要升遷就得搬到另一個城市，你會在接受之前先和家人討論嗎？

五、你比較想在大池子裡當一條小魚，還是在小池子裡當一條大魚？

以上問題的答案沒有絕對的對錯，但能顯示你看待事情的角度。如果你首先考慮的是專案成本，或者優先考慮進度，那麼你重視的東西可能是比較短期的；選擇出名而非富有的人可能較有野心，因為除非是身在演藝圈，否則出名往往比發財需要更多天賦與創意；如果你在接受升遷之前會先和家人商量，那你可能比較近人情，而不是事業導向；假如你比較想在小池子裡當一條大魚，那麼你可能是比較缺乏動力的人，或者你可能只是純粹很贊同凱薩大帝（Julius Caesar）的說法：「我寧願當伊比利亞小村莊的第一名，也不願做羅馬城的第二名。」

觀點就是你看待事物的方式，也是你自己的參照系統，少了它你就形同盲目，這也是你看待事物的角度。正如人工智慧專家馬文·閔斯基（Marvin Minsky）所言：「觀點相當於八十分的智商。」

教育家兼前迪士尼高層馬蒂·卡普蘭告訴我：「我認為迪士尼的名氣，無論好壞，其實都有一個相同的成因，那就是營運這間片廠的人，除了領導力之外還擁有非常鮮明的觀點。平時人們總是會以主觀的方式表達喜惡，像是『天啊，我就是不喜歡』。但在這間公司裡，做決策不能光憑感覺、不能模糊，也不能只是非此即彼。**我們因為秉持某種觀點，而影響一項計畫的成敗。**」

如果你知道自己在思考什麼和想得到什麼，就擁有真正的優勢。這個時代有許多專家，例如可以聽取營養學家的建議來調整飲食、把家裡的狗狗交給寵物訓練師甚至是寵物心理學家，或者做重大決策時也能諮詢專業顧問，這些觀點都非常珍貴且有價值。

男星小莫爾頓・道尼（Morton Downey, Jr.）當年幾乎是在一夜之間爆富與走紅，成為了二十世紀末極具個人特色的脫口秀主持人，有些觀眾確實喜歡的是他那種充滿偏見、粗魯又大男人主義的言行舉止，但與其這麼說，倒不如說是他毫無歉意地表達了自己的觀點，而觀眾喜愛的正是這樣的他，後來有許多電台和電視主持人相繼模仿他那偏激又自信的風格，並且也同樣大受歡迎，道尼之所以備受喜愛，並不是因為他說的那些內容，而是因為他的敢言。

我絕不是建議你要去模仿電視或電台主持人發表一些心胸狹窄的言論，事實上希望你千萬不要去學。我的意思是，任何想要完全忠實表達自我的人，首先都必須要有自己的觀點，少了個人觀點和見解，不能算是具備領導力，當然這些都必須是你自己的，而不能借用別人的，它們必須忠實而且是原創，因為你就是你自己。

一旦掌握了反思、理解和解決事情的藝術，觀點和見解就會隨之出現。那麼接下來的任務就是找出運用它們的方法。

第三步，考驗與衡量

有些人天生就知道自己想做什麼，甚至知道該怎麼做。但多數人沒那麼幸運，都必須花些時間來規劃自己的人生，而且總有些模糊的目標，比如「我只想要快樂」、「我想好好生活」或「我想讓世界變得更好」，甚至是「我想變得超有錢」，但這些幾乎都是無用的。然而太過具體的目標也同樣沒有意義，像是「我想成為某公司的董事長」、「我想成為核子物理學家」或「我想找出治療普通感冒的方法」，因為這些目標都忽略了生命中其他的價值。

民主黨議員傑米．拉斯金告訴我：「我心目中的其中一位英雄，就是哈佛法學院教授德瑞克．貝爾（Derek Bell）。他曾對我說，不要有任何特定的野心或欲望，更重要的是，要先對自己想要的**生活方式**有企圖心，下一步就會隨之出現。」

你想要什麼？多數人就這樣度過了一生，多半活得不錯，但卻從未自問這個基本的問題，更不用說找出答案了。

最基礎的答案，當然就是我們都想充分地展現自己，因為這是人類最基本的驅動力。正如一位朋友指出：「我們都想學會如何使用自己的聲音」，而這確實讓其中一些人登上了人生巔峰，但同時也讓許多人陷入生命的深淵。

如何才能最完整地表達自我？

第一個考驗要是知道你想要什麼，了解你的天分和潛力，並且辨識兩者間的差異。

美國資深報業主管格洛麗亞．安德森說：「我一直認為平凡並不好，我覺得自己必須達到不同的標準、完成許多不同的事情。」對她來說，新聞是最好的職業選擇，因為從定義上來說，記者就是與眾不同的，是報導事件而非參與其中，並且身為寫稿的人，他們還有機會針對問題發表意見。

美國大學婦女聯合會執行長安妮．布萊恩特一開始總是被人指派。她說道：「小學我就拿過領導相關的獎項，每次都覺得很驚訝，高中時又被指派當班長。當然可能是因為我長得比別人高，所以感覺能帶領大家，這確實可能有影響。我從來沒有主動去爭取過，但我的確喜歡掌管事情。」因為她喜歡「掌管事情」，所以成為了一名高階主管，並且帶領一個擁有十五萬名成員、四千七百萬美金資產的組織，也就是美國大學婦女聯合會，這似乎不足為奇了。這個組織的目標包含促進女性平等、自我發展，並積極推動社會變革。

女性主義作家貝蒂．傅瑞丹（見附錄人物小傳26）一直擅長組織人事物。「五年級時，班上有一位代課老師根本不喜歡小孩，所以我就成立了一個團體，叫做『壞蛋俱樂部』，只要我發號施令，同學們就會把課本丟在地上，或做一些惹老師生氣的事。有天校長把我叫到辦公室說，『你很有領導才能，但必須用這個來做好事，而不是做壞事。』在後來的職涯中，理論上來說我是個作家，但我花了許多時間在政治活動，例如創辦婦女運動的三個重要團體，然後退居幕後。」

第二個考驗是了解什麼驅動你，什麼能帶給你滿足感，並了解兩者間的差異。羅傑．古德說：「有陣子我每天晚上都夢見自己在救人，不是指拯救我自己，而是所有人，當時我大概是十二、十三歲。」後來古德成為了一名精神科醫生，確實成為助者。

科學家兼慈善家瑪蒂爾德．克里姆則從小就希望自己是個有用的人：「我在一個偏僻的農場工作了三個暑假，雖然很累但卻帶給我一種很好的自信。認為如果我連那些工作都能做，我一定可以做好任何事，現在回想當時去農場工作是對的，儘管真的很辛苦，但我試圖把事情做好並且真正幫上忙。」後來她成為科學家，更成為對抗愛滋病的先驅，那些暑假對她來說確實是一個很好的開端。「我現在全心全意投入愛滋病研究，沒辦法再做別的事了。」

約翰．史考利走過的路則稍微迂迴，但也十分合乎邏輯：「我總是對事物擁有永不滿足的好奇心。有一段時間是電子產品，有時是藝術，有時又是藝術史和建築。當我對某件事情感興趣時，就會徹底沉浸在其中，還總是在好奇心得到滿足之前就先耗盡力氣。但我從未打算要從商，這是我最意想不到的事。以為自己會去當發明家、建築師或設計師，但我對視覺很感興趣，也總是對新想法抱持熱情並且感到自在，從微積分到建築的一切事物。」有這樣的背景，確實非常適合帶領像蘋果公司這樣創新又重視設計的科技企業。

前兩個考驗的關鍵是，首先要認識或理解主要目標是充分表達自我，接著就能根據自身的能力、興趣和特定觀念，來找到實現其他目標的方法。反之，如果你把主要目標設定為是證明自己的能力，那你遲早會遇上麻煩，就像第一章故事中的主角艾德那樣。有的人為了證明自己，追隨父親的腳步進入法律或醫學領域，也有些人想要成為股票經紀人，好證明自己有能力賺大錢，這些人都是在自我欺騙，更幾乎無法避免地，都會面臨失敗或變得不快樂。

第三個考驗要知道自己的價值觀和優先事項是什麼，也要釐清所處組織的價值觀和優先事項又為何，並且衡量兩者間的差異。

如果你已經找到能充分並有效展現自己的方法，並對自己的進步和表現都很滿意，但卻覺得在目前的職位上無法成功，這可能是因為你與你的自我是一致的，卻與你所處的環境步調（甚至是你的工作夥伴、公司或組織）不協調。

音樂家賀伯・艾普特說：「我曾經與一間大公司簽約，但我不喜歡自己被對待的方式。他們都只透過線上會議跟我互動，而且感覺他們的方向也不對……當時我對我們 Tijuana Brass 樂團的音樂有一些想法，想要加入一些小號的旋律，所以我就在自家的車庫做些聲音實驗，但他們卻只說我不能這樣，說違反了工會規定，還說這樣會害一些音樂家失業。我覺得他們完全搞錯重點，那時我就想，如果有天自己開公司，要把藝術家當成公司的心臟，他們的需求永遠都會被擺在第一位。」

艾普特和傑瑞・摩斯後來創辦了 A&M 唱片，這間公司果然以尊重藝術家聞名。他們當時的合夥人吉爾．弗里森是這麼說的：「A&M以藝術家為核心，擁有一種大家庭的氛圍，但我們不是刻意這樣做，更不是基於算計。我反而覺得什麼都不要做，也不需刻意去管理，才有辦法做到這樣。」艾普特決定自己開公司，打造出他理想中的工作環境，這個決定最終是明智的，也是看似十分激進的，然而他和A&M唱片成為了業界的主流。

本著同樣的精神，格洛麗亞．安德森也創辦了自己的報社。她說：「《邁阿密今日報》（*Miami Today*）是我第一次有機會用自己的方式做事，我為此感到非常自豪，但當我發覺創業夥伴並不認同我的觀點，而且彼此永遠沒有共識時，我就決定離開，再去做自己的事。」

安妮．布萊恩特則建議，轉換跑道時要更加小心：「多數時候，我們帶著一股全新的活力進入一份新的工作，雖然不是刻意為之，但常會不小心用跟以前相反的方式做事，這對於已經在這間公司工作了一段時間的人來說，會非常衝擊。所以在展開自己的計畫之前，最好先試著站在別人的立場上，去理解一些已經執行得很好的部份，並去加以強化。當現有員工感覺受到支持，並感覺自己是新計畫的一部份，他們就會非常有動力。」

換句話說，與「組織同步」和「與自己同步」一樣重要，有些領導者不可避免地被吸引去建立他們自己的組織；而有些領導者則像布萊恩特喜歡受雇於人。

第四個考驗，衡量欲望與能力、動力與滿足感，以及你自身與環境的價值觀差異之後，你是否能夠並且願意去克服這些差異？

第一種情況的問題比較基本。幾乎每個人都曾經夢想成為美式足球聯盟（NFL）的四分衛、電影明星或爵士歌手，但自身就是沒有必備的才能，儘管我說過，也相信任何人可以學會任何想學的東西，但某些職業卻需要額外的天分。

我認識一位非常成功的放射科醫生，他以前一直想當歌手但卻五音不全，然而他並沒有直接放棄夢想，而是轉去寫歌。也有人想當四分衛，跑得很快也很聰明，但體重卻只有一百四十磅，那他或許可以轉而成為一位教練或球隊經理，也或者他可以找朋友和同事組隊，每個週六下午一起比賽橄欖球。

無論你想做什麼，都不要讓恐懼阻礙你。**對多數領導人來說，恐懼與其說是一種障礙，不如說是一種動力。**正如飛行員布魯克·納普所說：「我開始飛行是因為自己害怕飛行。**如果你付出的百分之百，而不是百分之九十或九十五，你就**

能做到任何事。唯有克服你的恐懼，才能有所成長。」她後來成為了美國最頂尖的飛行員之一。

另外一種情況的問題比較複雜。有些人很渴望成功，但他們不在乎是哪種成功，或如何獲得成功，因為他們永遠不會滿足而且經常不開心。我們的確有可能同時獲得成功和滿足感，但前提是你要夠聰明、夠誠實，承認自己想要什麼並確認自己需要什麼。

還有第三種情況，我得再次提到最終沒達成目標的艾德。如果他曾經多去想想自己想要什麼、自己的公司需要什麼，事情就不會出錯了，但是卻把精力都花在做事和自我證明上，而不是去學習如何了解自我。有些企業文化非常僵化，要求員工絕對服從公司的路線；也有些企業比較靈活，可依狀況加以調整。當了解自己和組織的彈性，你就會知道自己是否適合這個環境。

第四步，激發渴望

布魯克・納普說道：「有些人很幸運，生來就有理想與達成目標的能力。我一直渴望達成目標，不是刻意這麼想，但對我來說，這就像吃飯一樣自然。」

加州聯邦銀行前任執行長勞勃．道克森也很幸運，他說：「我不認為奉獻、目標和遠見是可以學習的東西，其實我自己不知道這些特質從何而來。」

如果納普是對的，理想就像吃飯一樣自然，那麼人們也應該都是如此。道克森說這些特質學不來可能是對的，但它們也可以被啟動。事實上每個人生來就對生活本身充滿渴望，我稱這是「投入生活的熱情」，這種熱情可以讓人進步。可惜的是，在大多數人身上，這變成了一種動力。企業家賴瑞．威爾遜認為：「理想（Desire）和動力（Drive）之間的差異，就是表達自我和證明自我的差異。」

最理想的情況是所有人都被鼓勵去表達自我，但不需要證明自我，然而這個世界沒有這麼美好，為了避免作繭自縛，**我們必須明白，動力要與理想相結合才是好的狀態**；若理想與動力分離，往往會很危險，有時甚至很致命，而全力滿足理想的動力，則往往能帶來生產力與收穫。

就如同我訪談過的其他領導人，納普也對投入生活充滿熱情，並有動力去實現自己的熱情，她說：「我和八個男孩一起長大，我比他們都強壯、有精力、熱情、魄力和決心，所以我成了領導者。」

雖然她曾經歷一段平淡無奇的時期，但幾年之後她的理想還是實現了，她告訴我：「在精神上我是一個企業家，當看到機會並抓住了它。捷特航空（Jet Airways）的創立幾乎是一場偶然，自由競爭使得一些小型航空公司倒閉，人們要到小城鎮出差就變得很困難，而當時我正想買一架里爾噴射機（Learjet）。」於是她就創辦了捷特航空，專門載高階主管到各地出差。她的願望是想擁有一架自己的飛機，而有錢的高層人士又很需要交通工具，兩者便配合得天衣無縫。納普一直保持著永不停歇的創新精神，創辦捷特航空之後，她經營的證券投資組合也開始跨足到佛羅里達柑橘產業，和南加州的高端房地產。

CBS的高階主管芭芭拉·柯迪將她的成功部份歸功於熱情：「無論是一間公司或是一場演出，都要靠長期參與其中的人投注關切與熱情，才能更加茁壯。如果身為領導者，連你自己都不關心也不了解自己的組織，更不用指望其中的人會付出關切與熱情……**我覺得自己的熱情很有感染力**，當參與一個專案，只要我很喜歡這個案子，我就能讓你也一起喜歡它。」

民主黨議員傑米·拉斯金也同意熱情是有感染力的：「如果你堅定自己的立場，讓大家明白你的信念，人們就會向你靠攏，我非常相信這個道理。就如文學家奧斯卡·王爾德（Oscar Wilde）所言，『我在左邊，就是心臟的那一側，而非右邊，肝臟的那一側』。」

格洛麗亞．安德森總結道：「不要把『成為領導者』當作主要目標，就像你不能把『快樂』當成目標一樣。這兩種情況都是結果，而不是原因。」

第五步，精通你的任務

我請卡普蘭描述領導的要素時，他說：「首先是稱職勝任，要真正精通手頭的任務，再來是要清晰表達。假如有人精通了他們的領域，卻不能解釋為什麼自己該關心或幫助旁人，那他們就會無法獲得眾人的支持。我更希望在一個領導者身上看到一定程度的敏銳、機智、同理心和交涉手腕，雖然這些不是必備條件。我認識一些不具備上述特質仍然是領導者的人，只是假如擁有這些特質，會給予我更多的感動和激勵。」

他說的對，「要真正精通手頭的任務」。領導者不僅僅是要實踐他們的使命或職業，而是要精通，要了解關於它的一切，然後徹底投入其中。例如舞者弗雷．亞斯坦精通編舞並徹底投入其中，他與舞蹈合而為一，很難去區分他在哪裡停下來，而串場舞蹈又從那兒開始。小羅斯福精通總統之職，而卡特總統則被總統的職位所控制。

這樣的精通需要絕對的專注，充分發揮自己的力量。亞斯坦確實有這樣的能力，這就是為什麼他能夠在行動之前就先引起大家的注意，另外金恩博士只用了一場演講就激勵了全美國，他不僅心懷夢想，他本身就是夢想，就如同魔術強森之於湖人隊、比爾．蓋茲之於微軟。

曾在中國住過一段時間的美國作家馬克．薩爾茲曼（Mark Salzman）形容：「中國武術是一種達到『完美形式與極致專注的方法』。習武時動作變成了直覺，進而展現出身心的和諧，中國人認為這是精神和身體健康的關鍵。在古典武術中，武術家會將大部份的訓練時間都花在練習『武術套路』，這是指一系列經過編排的招式，長度約為一至二十分鐘不等，必須按照嚴格的美學、技巧和概念指導原則來進行。在一段完整的套路之中，每個動作之間都必須以完整的意義串連起來，彷彿有一條無形的線，穿過並將之連接起來，中國的書法也是如此。」

薩爾茲曼引用自己的武術老師潘清福（素有「鐵拳」之稱）的話。他曾說：「眼睛是最重要的，眼睛可以看到一個人的『意』（指意志或意圖）。」薩爾茲曼繼續說：「中國武打仰賴意的力量，因此必須訓練自己的眼睛，且在練習武術套路時，要完全相信自己的力量，要相信你一拳就能擊倒對手一樣，一定要運用你的眼睛、你的心來出擊，然後你的雙手就會跟上。」

作家喬治・李歐納（George Leonard）也寫過關於「精通」的描述：「有經驗的飛行員，光是從別人坐進座位和繫上安全帶的方式，就能看出對方是不是一個好的飛行員。有些人明顯就是非常出色，只要他一出現大家就會感到振奮；有些人只要站得筆直，就能看出他是一個專家。」

李歐納還說明了精通的一些其他要素：「**精通必然是建立在堅持不懈的練習之上**，但同時也包含冒險成份，無論是在體育、藝術或者其他領域中，只要是被稱之為大師級的作品，都能看到全然的熱誠。精通自身領域的人敢於冒險、不恥下問，最強大的學習方式，其實往往最像玩耍。『慷慨』（generous）一詞的英文，與『友好』(genial)、『有生產力』（generative），以及『天才』（genius）等字都來自同樣的字根，**天才能夠付出一切、毫無保留**，事實上天才的定義就是這種付出。」

芭芭拉・柯迪談到自我精通時說道：「在我的產業裡（製片、編劇），如果你熱愛某件事，並想要加以實踐，你就可以說服別人和你一起完成。個人風格、個人信仰、對成功的強烈渴望、堅毅不拔、無論被多少人拒絕都永不放棄的能力，這些都非常重要。在這行，每天面對各種的拒絕是家常便飯，所以必須要超越否定，忽略那些拒絕然後繼續前進，擁有忠於自我和自身信仰的能力。假設你昨天想出一個好點子，那它就是一個好點子，就算你沒有立刻去說服別人買單，也不代表你接下來不會去說服別人。」

精通、絕對的熟稔，這對領導者來說是必備的。精通的過程也遠比你往後要做的事情都更加有趣。

嬌生前任執行長詹姆斯．伯克說：「這應該是很有趣的，過程會是令人興奮和好玩的，如果不開心，那一定表示有地方出錯。要不就是他所處的環境很無聊，要不就是自己的狀態不對。」

羅傑．古德也很熱愛他的工作，他說：「我以前不認識任何一位精神科醫生，也不知道他們是在做什麼，但那時我就覺得這很適合我。我很喜歡人且與他們深入交談，喜歡分析又樂於幫助人。這份志業的核心仍是要掌握人類思維過程的深刻複雜性，而這就是我的動力。」

第六步，果決的戰略思維

有一句古話是這麼說的：「除非你成為領頭羊，否則視野內的風景永遠不會改變。」這個想法也可以延伸到領導者身上，對他們而言，情況總是不斷在變化，一切都是新的。因為從定義來看，每個領導者都是獨一無二的，遭遇情境也是獨特的。

被問及領導力是否是可以被傳授的，電影導演薛尼・波勒回答說：「如果一件事情無法拆解成重複且不變的元素，那件事就很難被傳授。比如開車、開飛機，這類的事情就是能夠簡化為一系列的步驟，並且總是能夠用同樣的方式來練習。但領導力就像藝術一樣，每次運用這個原則的時候，都要重新發明新東西才行。」

勞勃・道克森也同意這樣的觀點：「領導者並不是技術人員。」

因此銀行家和企業家都像電影導演一樣，需要發揮創造力。戰略思維背後的創意過程其實非常複雜，就像其內在機制一樣難以解釋，但這個過程中，確實還是有一些基本步驟。當你把某樣東西拆解至最基本的狀態時，就能看到它的核心，接著便能從核心開始進行歸納。

首先無論你是構思要寫一部小說，或打算重新改組一家公司，**你都必須知道自己最終的目標**。登山的人並非盲目地從山腳開始往上爬，他們會先看最終想抵達何處，然後設定出發的地點。就像登山一樣，一旦看到頂峰，就會去規劃所有可能到達目標的方法，接著加以調整，進行修改、結合、比較、轉換和想像，最終選擇出一條或兩條適合的路線。

再來篩選出這些路線以後，就是要精心設計並修改它們，製作一張地圖，畫出可能的障礙和陷阱，以及獎勵。

第三則為客觀審視這張地圖，用旁觀者的眼光來看，找出它的所有弱點，並消除或改變這些缺失。

最後，當完成了以上這些工作之後，就可以出發登山了。

美國女童子軍理事會執行長弗朗希絲·海瑟班和她的丈夫，以及一家四代以來，都在賓州約翰斯敦頗有一番作為。他們擁有一間通訊公司，她在當地擔任女童子軍志工，並為美國女童子軍理事會進行管理培訓。後來有人請她暫時擔任地方理事會的執行長，她也同意了。六年後，雖然她並未主動申請擔任美國女童子軍理事總會的執行長，但受命接受這個職務。隨後她和丈夫搬到了紐約著手重整協會，把她在組織晉升一路所學的一切運用出來。

海瑟班說：「我們做的第一件事，就是開發一套團體規劃機制，在這套機制中，規劃和管理是同義詞，三百三十五個地方理事會和全國總會可以共同參與籌畫。為此還編寫了一份團體規劃手冊，調度六十萬名成年志工的力量，進而履行我們的使命，幫助年輕女孩成長，並發揮她們身為女性的最大潛力。如今我們的成員都覺得這個組織擁有前所未有的團結和凝聚力。」

「我只是迫切感到需要有一套明確的規劃機制，來定義各種不同的角色，去區分志工、工作人員和政策規劃的同仁，讓基層團隊中所發生的事情，他們的需求、趨勢等資訊，可以傳遞給政策制定者，讓高層能更清楚地知道目前的情況，以及目前需要做些什麼。對於三百萬名會員，無論她們身在何處，我們都會去傾聽女孩們和家長的心聲，並且想出各種方法去實際接觸她們。我們都說，『我們有一些有價值的東西可以提供給你，但你也要提供一些貢獻作為回報。我們尊重你的價值觀和文化，就算你是少數族群，甚至是納瓦霍（Navajo）*，當翻開團體手冊，也會發現自己被包含在其中。』」

「我認為我們擁有世界上最好的員工。他們都很棒，而我的工作就是不斷開放權限，增加他們的自由和自主範疇，因為我無法忍受侷限別人，所有人應該要圍成一圈，靈活度很高。假如說我身處核心，那麼我周圍會有七個圓圈，第二圈就是小組主管，然後是隊伍主管，以此類推。任何事情都不是以上對下的，而是橫向流通，這種機制相當靈活多變，如果太習慣階級制度，可能反而會覺得有點難適應，但這種做法很有效，我們還推薦給其他組織。」

「但最棒的是，每位美國女孩都能看到這個團體在做的事，也能看到自己。」

將你的戰略思維打造為現實固然有風險，但正如作家卡洛斯・卡斯塔尼達（Carlos Casteneda）所言：「普通人和勇士的根本差異在於，勇士將一切都視為挑戰，而普通人對每件事不是看作好運就是當成詛咒。」

除非願意冒險，否則一定會受限且會裹足不前，並永遠做不到你其實有能力做的事。若要實現願景，錯誤和失敗是必經之路，也是通向成功的必要步驟。

＊美國西南部的原住民族，為北美洲地區現存最大的美洲原住民族群。

第七步，整合一切

最後，領導者要整合所有的資訊，才能有效行動。

小孩天生就擁有創造力，老人也是。小說家卡洛斯・富恩特斯（Carlos Fuentes）說：「我真的認為青春是你從生命那裡贏來的東西，年紀較輕時，其實我們都又迂腐又愚蠢。我一生中遇過最青春的人就是西班牙導演路易斯・布紐爾（Luis Buñuel），他在六十歲到八十歲期間，完成了他最偉大的電影作品；另外還有鋼琴家阿圖爾・魯賓斯坦（Arthur Rubinstein），他在八十歲才成為音樂天才，只見他把手伸向天際，然後落下琴鍵上，就能演奏出宛如貝多芬和蕭邦的樂音；畢卡索也是在八十多歲時，才畫出最禁忌又充滿激情的作品。他們努力賺得了青春，花了八十年才變年輕。」

我認為富恩特斯的意思是，在一般同儕、家庭和社會壓力之下，人們在青少年時期，往往會迷失自我。在人群之中迷失，依從並回應著社會群體的需求，而不是自身，並因此失去了創造力。因為創造力是很個人的，而不是從眾的。

然而領導者如果能實現自我控管，就能重拾創造能力，並能繼續成長。人們經常用數字來看待成長，比如身高和體重，並總以為當身體停止成長之後，思想也跟著停止成長。但是正如同我訪談的領導者，他們用自己的生活證明了，自身在智力與情感層面的成長並不會停滯，也不應該停滯。領導者與其他人的不同之處在於，他們不斷渴求知識與經驗，因為他們的世界越來越寬廣與複雜，所以必須用相應的方法來加以理解環境。

辯證思考法（Dialectical thinking）就是其中一種理解方法。它假定真實世界是動態而非靜態，因此尋求各種觀點之間的關係，進而達到整合的目的。**你可以將反思與觀點視為兩個對角，整合就是則在兩者之間取得平衡。**

弗朗希絲．海瑟班在工作上充分展示出她的整合功力：「首先你必須釐清如何組織任務、如何管理時間，還有你的職責是什麼；第二要學習領導，而不是控制；第三，你必須對自己有清晰的認識與使命感，並對使命有明確的理解，確定自己的原則和組織的原則是一致的；第四，要用具體行動展現領導者和追隨者應該做的一切；第五，你需要對如何給人揮灑空間和機會很有概念，這樣才能讓共事的人自由發揮他們的潛力。如果你相信團隊合作，就必須相信他們的潛力，而且對他們要求很高，但要保持一致。」

約翰・史考利認為，整合就是管理與領導之間的差異：「領導力經常與其他事物混淆，尤其是管理。管理需要的其實是另一套完全不同的技巧。在我看來，領導需要願景、觀點和方向，而且相較於帶領日常執行層面，領導者更大幅度是要在大方向和目標上激勵其他人。一定要自我超越才有辦法領導，你必須有能力激勵其他人去做事，而不是當他們的頂頭上司，拿著一張清單叫他們照辦，那是管理，不是領導。」

勞勃・泰瑞（Robert Terry）曾經擔任過韓福瑞公共事務管理學院（Hubert H. Humphrey Institute of Public Affairs）的院長，他將領導力定義為：「從根本上深刻參與世界與人類狀況」。

羅傑・古德就解釋了這種參與，他說：「一旦你有了一個經過反覆測試的願景，就等於抓住了老虎的尾巴。你就會開始不斷領導，否則就形同對願景的不忠。」

對此，作家貝蒂・傅瑞丹也表示贊同，她說：「有需要時，我就會召集大家一起來做點什麼。我的信念是『你有這個責任』。」

雖然這些領導者都十分有才華，但他們往往自認更像個合作者，而不是一個獨行俠，領導者和追隨者的腳步是一致的。

勞勃・道克森說：「領導者會引導別人，而不是強迫他人，並會公平對待所有人。許多人說企業領導者唯一的責任就是對股東負責，我們當然會對他們負責，但也要對自己的員工、客戶和整個環境負責。如果私人企業不明白自己對群體有什麼責任，那這就是一間有問題的企業。」

前美國紅十字會會長理查・舒伯特也相信，應該要與他人有好的互動：「從你如何吸引並激勵他人，就能看出你是否是一個成功的領導者。『推己及人』非常重要，領導者要以自己希望被對待的方式來對待別人，無論對方是員工、客戶還是資深副總裁。災害現場的工作人員有百分之九十六是志工，如果我們不積極吸引合適的人並激勵他們，根本辦不到。」這個概念非常重要，我將在第八章詳細闡述。

信任同事的領導者也會得到同事的信任。**信任當然是無法獲得的，只能給予。**若一個領導者沒有與他人相互信任，那必然會產生矛盾，它是介於忠誠和懷疑之間。而領導者總是對自身、自己的能力、同事和團隊共同的可能性有信心，然而也同時會去質疑、挑戰、探索，這樣才會進步。同樣道理，同事必須相信領導者，相信自己和團隊的力量，但也必須有足夠的信心去質疑、挑戰、探索和測試。**保持信念和懷疑之間的重要平衡，保持相互信任，是任何領導人的首要任務。**

遠見、啟發、同理心和可信度是領導者判斷力和性格的體現。猶太拉比艾爾弗雷德·戈特沙爾克說道：「領導者的性格至關重要，是其他一切的基礎。其他的要素則像是激發信任的能力，還有企業家的實力、想像力、毅力、堅定的目標等等。但在這之中，性格、毅力和想像力是最為必要的條件。」

愛爾蘭有句諺語說得十分貼切：「不管你祖父長得多高，你能長多高全靠自己。」

傑出的領導者都會有意識地去打造自己的人生，以及生活和工作環境。領導者都會有意識地去打造自己的人生，以及生活和工作環境。他們不只是演員，還是編劇、鐵錘和鐵砧，每個人都用自己的方式改造周遭環境。

表現方式就是培養領導力的七個步驟，然後得到以下的結果：

一、有反思才有解決方案。

二、有解決方案才能累積觀點。

三、有觀點才會有想法。

四、有想法才會去加以考驗與衡量。

五、有考驗與衡量才會明白自身的渴望。

六、有了渴望才會想辦法精通。

七、精通之後才會產生戰略思維。

八、有戰略思維就能充分的自我表達。

九、整合以上，充分的自我表達＝領導力。

領導力的首要條件是本質，然後才是行為。領導者所做的一切，都反映出他是一個什麼樣的人。所以接下來所要談論的是，跟隨領導者「穿越混沌」。

Chapter 7

從「驚喜」中學習，鍛鍊領導韌性

若想真正理解一件事，就嘗試去改變它。

——庫爾特．勒溫（Kurt Lewin）

從定義上來說，領導者是革新者。他會去做別人不曾嘗試，或不敢去做的事情，總是比別人快一步並創造出新的事物，將陳舊化為新穎；**會從過去的經驗中學習，並且活在當下、著眼於未來**。每位領導者都會用不同的方式，將一切事物整合起來。正如我之前提到的，領導者必須左右腦並用，他們必須具備直覺、概念、整合，並富有創造力，要像華勒斯·史蒂文斯的詩句所寫：「要跳脫框架，戴上闊邊帽。」

銀行家勞勃·亞布德（Robert Abboud）曾經擔任芝加哥一間銀行的最高職位，卻被開除了。後來他去為亞曼德·漢默（Armand Hammer）工作，又再次被開除。再後來，他搬到了德州，這次一舉成為第一國民銀行（First National Bankcorp）的執行長。他被問到，經歷了那麼多失敗之後，究竟是怎麼獲得成功的？他引用情境喜劇《安迪格里菲斯秀》（*The Andy Griffith Show*）中的一段台詞來回答。劇中安迪的副手巴尼問安迪說：「怎麼樣才能擁有良好的判斷力？」安迪說：「他覺得判斷力來自經驗。」巴尼又問：「那要怎麼獲得經驗？」安迪說：「就是一直踢到鐵板。」

亞布德聳了聳肩，也回答道：「我就是一直踢到鐵板。」

他從經驗中學習而沒有被擊倒，因為他不僅接受失敗的事實，還去反思、理解並加以應用。領導者從實踐中學習——在面臨挑戰、在失敗的任務、在從未嘗試過的領域學習。要如何拯救一間銀行？你只能做中學，要透過過程中發生的所有事情來學習。

本章的主題看似是「從逆境中學習」，但我並不是這樣想的，我認為本章主題叫作「從驚喜中學習」。

不下水，怎麼學游泳？

電影導演薛尼・波勒談述他如何從經驗中學習，他說：「我第一次執導電影的時候，就是照本宣科，因為我也只會這樣做，當時自己對導戲根本一無所知。我去模仿其他共事過的導演，甚至還試著打扮成導演該有的樣子，穿那種戶外活動的衣服，倒是沒有穿綁腿配件之類的，但打從一開始，只要看到大聲公，我就會抓著不放。」

現在波勒每發一部新片都能開創一個新局面，包含銀光幕前和攝影機背後。「每次拍電影我都要帶領一、兩百人組成的團隊，成員包含技術專業人才、藝術家、工藝大師，也有些只是來搬東西的工人。帶領他們的其中一個訣竅，就是不要去造成別人自尊心的拉扯。奇妙的是，你越是願意讓所有人參與進來，人們就越是自動自發；相反的，如果你刻意排擠任何人，就會加劇他們的自尊問題，進而引發衝突。」

關於領導力，波勒學到其中一件很重要的事：「人們總是在一些訪談中高談闊論著領導力，但所說的那些內容，卻根本不是最困難或最有趣的部份，反而只是一些實際的情況罷了。事實上要帶領別人，你必須將責任下放，鼓勵參與者更主動，還要鼓勵他們去冒險。我認為在某個程度上，領導的技巧與創作藝術並無不同，因為從意義上來說兩者都是一種創新，而所有的創新，其實都是來自在一定的範疇之內自由地發揮。」

學會領導其實就是學會駕馭變革，領導者會將他們好的理念帶入組織之中，創造或重塑組織文化。接著他們的組織會根據這些理念來採取行動、執行任務，最後組織文化就有了自己的生命，成為往後發展的基礎。然而領導者還是要持續進步，面對外在變化時繼續適應和調整腳步，否則組織遲早會停止前進。

換句話說**領導者的重要本事之一，就是能夠利用個人的經驗，在職場上持續**

成長。老羅斯福（Teddy Roosevelt）在成為總統之前，被形容成為「一個小丑」；而他的堂弟富蘭克林．羅斯福則被記者沃爾特．李普曼（Walter Lippmann）斥為「一個想當總統的有錢好人」。然而如今，老羅斯福與小羅斯福被視為美國最好的兩位總統。對領導者而言，只有行動，才能證明你是否經得起考驗。

數學家雅各．布羅諾夫斯基（Jacob Bronowski）在《人類的崛起》（*The Ascent of Man*）一書中寫道：「我們必須明白，若要了解這個世界，不能光是思考，要實際行動。一個人進步最大的動力，就是他熱愛自己所做的事情，只要他很喜歡手上的任務，就能做得更好，做好之後他就會更加熱衷於此。」

領導者精益求精，對現狀永不滿足。古希臘悲劇詩人艾斯奇勒斯（Aeschylus）說：「智慧來自於苦難與反思。」領導者比任何人都清楚，生命中最根本的問題並沒有答案，但依然要堅持下去並持續學習。

領導者藉由領導而學習，並且在困境中領導時學到最多。正如狂風暴雨造舊山的姿態，障礙困境也會造就領導者。棘手的老闆、管理部門缺乏遠見和品德、無法控制的情勢，以及他們自身犯的失誤，都是領導者的必修學分。

獵頭公司光輝國際創辦人理查．費瑞認為：「只要把人丟進水裡，他就能學會游泳。同理，你不可能創造出一位領導者，試想你要怎麼教別人如何做決定？你所能做的只有開發人們的天賦。我很相信鍛鍊與實作經驗，最能激發潛力，把員工放到工廠、市場裡，或是外派到日本和歐洲，用實際工作訓練他們。」

詹姆斯．伯克與美國退休者協會的霍勒斯．迪茨更是言簡意賅。伯克說：「越多的經歷與考驗，能造就越好的領導者。」迪茨談到他擔任協會執行長的工作時，也說：「這是一項艱難的工作，只有透過經驗才能學會，不可能透過閱讀來學習，一定要實際去做。要學習如何領導，唯一的做法就是你開始領導。」

我訪問芭芭拉．柯迪時，她正在努力克服一個難關：「三星影業（Tri-Star）被哥倫比亞電影公司（Columbia）併購，電視部門一下變成有兩個總裁，所以其中一人勢必會被裁員，最後被裁的人是我。職涯二十五年以來，這三個月是自己休息最久的一段時間，也是一段學習經歷更是對變化反思的時刻，直到我認為自己已經準好回到工作崗位。我認為如果有壓力，早上醒來通常會更有動力，如果完全不緊張，那才是真正完蛋。所以如果你對眼前的事情沒有任何感覺，就該是你在生活或工作上做出改變的時候了。」

猶太拉比艾爾弗雷德．戈特沙爾克也會從逆境中學習：「年輕時我曾經丟了工作，或是在某些課堂上表現很差，但我知道人生並不會因此毀滅。逆境對領導者的發展至關重要，你要不就是被打敗，要不就是變得更堅強、更成功。」

談到領導的風險，戈特沙爾克則說：「站在隊伍的最前端當然有風險，你可能會被人從背後中傷，還有人會試圖絆倒你，因為所有人都很想看你墜馬。在某些時候領導者會從自己的位子上跌下來，可能是被拉下來、被打敗，也可能是做了一些蠢事，或者可能真的累了。」

行為科學家麥可・隆巴多（Michael Lombardo）和摩根・麥考（Morgan McCall）在創意領導中心（Center for Creative Leadership）的一項研究中指出：「逆境與好運一樣都是隨機且普遍存在的。」採訪了近百位高階管理者之後，他們發現，所有人都會遇到一些機緣巧合，沒有例外，而且會升官都是剛好遇到一些偶發事件。其中幾種比較重要的事件，像是工作劇烈變化、發生嚴重問題以及幸運的突破；也都會遇到例如失敗、降職、錯過機會、被調派海外、從零開始新業務、公司被併購、被接管或改組，以及辦公室政治等問題。

隆巴多和麥考的結論是：「逆境讓人看出，成功的主管會不斷提出問題，他們之所以能超越同僚，主要是因為會從經驗中學習，以及在職涯的早期階段，就已經學會去適應模稜兩可的狀態。」

一八一七年，英國詩人濟慈（John Keats）就曾在給兄弟們的信中寫道：「**成功的基礎是『面對逆境的能力』，也就是要有辦法在不確定、難以理解、可疑的情況下，心平靜氣地去追求事實和肇因。**」這可能是當代領導者最好的定義。

逆境能加速成長

約翰．加德納是加州政府監察團體「共同志業」（Common Cause）的創辦人，他也曾經擔任過美國衛生教育福利部（Department of Health, Education, and Welfare）部長。他認為：「領導的主要障礙包含了危機的蔓延、組織和機構的規模與分工複雜性、當今社會反領導的氛圍，以及公共生活中常見或特殊的某些約束。」

諾曼．李爾也認為，障礙是領導力的其中一項要素：「要成為有效的領導者，不僅要帶領追隨者走上正確的道路，還必須能夠說服他們，前面有障礙的時候，無論是一棵樹或是一棟阻擋視線的建築物，都要想辦法突破它，不能被眼前的障礙嚇阻。你的旅程中會充滿坑洞和地雷，而超越的唯一方法就是去接近它們，並認出它們是什麼。你必須知道那只是一棵樹，或者是別的東西，**但不管是什麼，都不是跨越不了的障礙，如此一來你途經的每一處，都將會充滿寶藏。**」這就是從驚喜中學習，也是從逆境中學習，幾乎我所有訪談過的領導者都會同意這個看法。

也有些領導者會從棘手甚至糟糕的老闆身上學到寶貴的經驗。而這兩種老闆的差異是，糟糕的老闆是很好的負面教材，會讓你學到「哪些事千萬不要做」；棘手的老闆則帶來一些複雜的教訓，這種老闆可能會為了考驗你而出難題，很挑剔、令人膽怯、傲慢、冒失或喜怒無常；但同時，他也可以啟發你、帶來遠見，有時甚至會關心你。

媒體大亨羅伯特．麥克斯韋（Robert Maxwell）就是一個典型難纏的老闆。他在訪談節目《六十分鐘》（*60 Minutes*）上坦承自己很難搞，他曾經因為兒子忘記去機場接他，而直接把兒子開除，但六個月之後又把他叫回來上班。

安妮．布萊恩特也分享了一個難纏老闆的故事：「我曾為一位女主管工作，我很欽佩她的能力，但她會一直不斷挑人毛病，所以也失去了很多優秀的人才。她激勵人心、才華洋溢，實踐理想並持續推動和改變了組織，但身為她的員工真的很痛苦。我從她身上學到了很多，正面和反面都有。如果你很堅強，那一定能從難纏老闆身上有所學習，但如果你不夠堅韌就會很困難。」

芭芭拉．柯迪則說：「我認為我從糟糕老闆身上學到了一些很重要的原則，就像看到某些父母的作為，你會想說，『我絕對不會這樣對待我的孩子』。幾年前我在紐約為某人工作，他會霸凌員工，無論身心都極盡拆磨，會把人推去撞牆，甚至大吼大叫，但他每次這樣做之後，就會在對方的薪水裡多加五十元美金了事。在那種氛圍絕對不會帶來忠誠或效率，所以我自己絕對不會這樣做。」

「除此之外，我和創業夥伴曾經一起為另外一個人工作，這人是有名且很有才華的製片，但婚姻卻不幸福，所以晚上都不想回家。想當然，這就轉化為我們可怕的工時，所有員工都得跟著工作到深夜，甚至周末也要加班，因為老闆根本不關心自己的生活。我從這段經驗中學到的是，不能把自己的生活方式和私生活的遭遇影響到員工。如果說我在這行還算有點名氣的話，那就是因為任何曾經跟我共事的人，都希望再次跟我共事。」

幸運超市前執行長唐．瑞奇則說：「如果有一位棘手的老闆考驗你的信念，你就會更了解自己不想做什麼、不支持什麼。我就曾經遇到過這樣的情況，當時在工作過程中必須一直忍氣吞聲，所以我選擇辭職，回到學校擔任校務管理人員。幾年後那位主管離職，我又重新被雇用並且成了執行長。」瑞奇也曾經為一些好老闆工作，但對他的職涯產生關鍵影響的還是那位棘手的老闆。

而如果是遇到比較無能的老闆，那可以訓練你「向上管理」的能力。前教育部長雪莉・霍夫斯特德勒說：「有些人基本上就是希望全世界都看他臉色過日子，而不是他們主動關心別人。這些人期待追隨者在意他們，對於這類型的人，只有來場危機，例如生重病、生命受到威脅、巨大的個人或財務損失，才能改變他們本身以及發展的方向。」

對於想要成為領導者的人來說，理想的老闆可能是缺點多多的老闆，這樣就能一次學到該做什麼、不該做什麼等一切複雜的課題。

危機是一種鍛鍊

文豪海明威（Ernest Hemingway）說：「世界擊倒眾生，而我們在破碎的地方變得更加強大。」領導者當然也是如此，韌性使他們能夠達到目標，實現願景。

勞勃・道克森告訴我，當美國銀行解雇他時，自己的想法是：「這是發生在我身上最好的事情之一，因為如果你有韌性，就能學到很多東西。」

科學家瑪蒂爾德·克里姆所克服的，則是一個更深層次的個人障礙：「我總是覺得自己有點格格不入。」這位出眾的科學家和社運家告訴我。

這讓我想到所謂的瓦倫達效應（Wallenda Factor），這個概念我另一本書《領導新論》中有詳細描述過，因此這裡只簡單說明一下。一九七八年，偉大的鋼索藝術家卡爾·瓦倫達在進行最危險的鋼索表演時墜落身亡，而他同樣身為從事鋼索藝術的妻子說：「卡爾在過去幾個月心中所想的都是墜落。這是他第一次想這些問題，在我看來，他把所有的精力都放在避免墜落這件事情上，而忽略了走鋼絲」。

換句話說，如果一直擔心失敗，而不是專注於做事本身，就不會成功。

很少有其他美國領導者像詹姆斯·伯克一樣，在八〇年代初不得不親上火線處理泰諾止痛藥事件，至少我訪談過的人都沒有這種經歷。那是一場可能直接摧毀嬌生的大災難，但經過此事，這間公司和伯克自己都比以往更強大、更明智。伯克詳細地談論了這場危機，而我清晰地感受到，他從來不去設想失敗。

你可能記得，有些人死於泰諾膠囊中的毒素，這起事件如同風暴一般席捲全美，由於沒有人知道究竟是誰竄改藥物，也沒有人知道事發原因、更不知道有多少藥物受到汙染，因此整件事變得更加戲劇化和令人恐懼。而伯克立即採取行動。他說：「我知道我一定要去處理，也知道自己做得到。我從沒上過電視，但我了解新聞也了解公眾，因此找來三個獨立的機構一起研究，一個從嬌生公司的角度看問題，一個從產品角度看問題，另一個我們公司的人直接上電視與消費者談論這個問題。每晚我都帶錄影帶回家，看消費者如何看待此事，這樣我們才能聽見人群說的話、看見他們，並了解他們的情緒和反應。」

「我接受過市場研究和消費者行銷方面的訓練，我了解媒體，本身也很愛看新聞，並且處理過很多次網路輿論。我認識新聞台的負責人，知道該打電話給誰，如何與他們交談。我沒有急著自己上電視，但試圖讓他們理解這個事件，以及需要負責任地處理問題。我知道從長遠來看大眾將會做出選擇，不僅僅針對泰諾和嬌生，而是一般的非處方藥市場會跟著改變。我在辦公室裡每天待十二個小時，向許多人徵詢意見，因為以前沒有人處理過這種問題，這是一個全新的狀況。」

「我兒子說了一句很有意思的話，他說我有一個十分執著的處世哲學，這個哲學因為一個突發事件而受到了考驗，而我也用上了所有過往的經驗。當時許多很能幹的人都說他們無法協助我的工作，只有一個人支持我的做法。」

「我知道我們不是壞人，相信體制內的公正，也相信我們會得到公平的對待，但是當我決定上《六十分鐘》節目受訪時，公關主管告訴我，這是公司有史以來最糟糕的決定，用這種方式帶給公司風險是完全不負責任的行為，說完他就甩門離開辦公室。」

「幾年前，我就和主持人邁克．華萊士（Mike Wallace）及節目製作人見過面。節目製作人是我見過最強悍的媒體人，他曾當過檢察官，言行舉止都還是很像檢察官。總之我們要對他絕對坦白，這樣就不會出錯，而我們也做到了。在節目結束後我們做了一些市調，看過節目的人比沒看過的人更願意繼續購買嬌生的產品，過程中還上了《唐納修秀》（*Donahue*），他非常支持我們，也很幫忙。」

「我認為結果是很成功的，因為我相信公司有雄厚的實力，但以前從未運用這項優勢。我們徵詢了全美的醫生對泰諾止痛藥的看法，擁有所需的一切資源，包括道德上的力量。公司幾乎是在一夕之間就把新包裝處理好，這通常需要花兩年的時間。但最重要的是我們把大眾放在第一位，沒有對他們隱瞞任何事情，竭盡所能地誠實，這也證實了我的信念，那就是處事正直才是最有益的。」

「那段時間我靠垃圾食物度日，每天只睡三、四個小時，但那並沒有讓自己感到困擾。我想一定是身體會產生了必要的化學反應來應對緊急情況，我也認為是『相信我們可以做得很好』這個事實支持了自己。我相信我們能拯救這個品牌，而且的確辦到了。」

一九八八年六月，伯克登上《財富》（*Fortune*）雜誌封面，並被收錄在關於創新人士的報導篇章中，這是當之無愧的讚譽。

領導者會將經驗轉化為智慧，進而去改變組織的文化。如此一來社會也會跟著改變，這些過程並不簡單，也不一定合乎邏輯，但卻是必經之路。

大提琴名家兼南加大前教授林恩・哈瑞爾（Lynn Harrell）曾在《喝采》（*Ovation*）雜誌上寫道：「音樂的魔力是無法傳授的。我在南加大教書時，曾與十二位才華洋溢的同學一起練習，為了他們，我一直在探究如何定義那些無法被定義的事物。但最終，他們還是必須親自感受才知道。音樂的魔力是無法取代的，這就是為什麼當我看到他們被隔絕在外，或無法去親身經歷這種體驗時，我會像院子裡的狗一樣大聲咆哮。我一直記得年輕時受到啟發的感覺，當時還沒有經歷過種種社會化的阻礙。」

經驗有魔力，智慧也是。越是在壓力、挑戰和逆境中，你得到的魔力會變得更強大，智慧也越多。

危機往往能夠鍛鍊出領導者，看看前紐約市長魯迪．朱利安尼（Rudolph Giuliani）在九一一事件之後的轉變。紐約遭受恐怖攻擊之前，朱利安尼毫無影響力，多數人對他的印象是強硬且沒有同理心，還因為與妻子的離婚爭議讓人詬病。但那場悲劇證明了他是一位真正的領導者，能夠對全體市民傳達出自己對未來的願景，期許重建勇敢又充滿韌性的紐約市，在雙子星大樓倒塌之後，他日以繼夜地工作，熟練地處理各種細節，從防止名人到災難現場作秀，到代替殉職消防隊員挽著女兒或姊妹步入禮堂。二戰的倫敦大轟炸（Blitz）證明了邱吉爾的領導力，而用媒體的話來說，九一一事件讓朱利安尼成為了「戴著棒球帽的邱吉爾」。

Chapter 8

獲得支持，收服人心的關鍵

親愛的朋友，讓我們再接再厲，共赴沙場……
一鼓作氣，衝鋒陷陣，
呼喊「上帝保佑哈利、英格蘭與聖喬治！」

——威廉・莎士比亞（William Shakespeare），
《亨利五世》（*The Life of King Henry V*）

當然不是每個領導者都擁有莎士比亞那般激勵人心的文采，但究竟是什麼原因，讓眾人還是願意追隨他們的腳步一起去闖蕩？有些人認為，答案就是看他們是否有魅力。但我不認為這個問題如此簡單。在訪談過程中，我遇到許多領導者，他們其實很難被形容為有魅力，卻依然能激發出團隊極大的信任和忠誠度，可以讓別人站在同一陣線，對組織文化進行必要的調整，並實現他們的方向和願景。

第一章提到的艾德是個被環境控制的人，當然不屬於這類領導者，我第一次見到他時，所有人都只是在抱怨他缺乏人際互動力，到頭來艾德的問題比這要深層許多，但在培養領導力時，人際關係技巧確實應該要有更多的訓練。

共情與共識

有些人際互動技巧確實是能傳授的，但我不確定是否所有技巧都是如此。比如同理心（Empathy，讓人產生共鳴的能力）就可能是練習不來的，就像魅力一樣，正如教育家兼前迪士尼高層馬蒂・卡普蘭所說：「我認識的一些領導者並不是很有魅力，但他們仍然是個領導者。不過，有魅力的人確實更容易感動和激勵他人。」格洛麗亞・斯泰納姆也補充：「確實有很多傑出的人對他人的處境無法感同身受。」

ＣＢＳ的高階主管芭芭拉・柯迪就很擅長用同理心來工作，並認為這是很女性的領導特質，她說：「我認為女性看待權力的方式與男性不同。我對個人權力沒有任何需求，特別是凌駕於他人之上，我想要的是那種讓公司能夠良好地運作，員工表現優秀的能力。身為母親、妻子和女兒，我們都是照顧者，生活中多數的照顧者多半是女性，即便我們在商場上獲得成功，還是會繼續擔任這種角色，這是自然的本能。」

「我認識每一個底下的員工，甚至知道他們丈夫、妻子和孩子的名字，我知道誰哪天生病了，知道哪件事情該問誰，對此我一直感到開心與自豪。這就是我在職場上的特別之處；我也認為大多數人喜歡這種氛圍，這是讓員工們忠誠且投入自己工作的原因。我想這是女性特有的特質。」

然而男性領導者也談到同理心的重要性。音樂家賀伯・艾普特說道：「與藝術家打交道的關鍵之一，就是對他們的感受和需求保持敏銳，給他們發表意見的機會，以及表達內心的不滿或是精彩想法。」

同理心不單對藝術家有用。幸運超市前執行長唐・瑞奇說：「身為團隊成員或老闆，我認為一定要你的夥伴明白，你知道他們的存在，也明確地知道他們在做些什麼，**透過互動感受彼此的夥伴關係，會一起認真把事情做好，如果出現問題，目標就是盡快解決，而不是把責任怪罪到誰頭上。**」

讓人願意主動跟隨

當然，同理心並不是收服人心的唯一關鍵。羅傑·古德解釋了他是如何在沒有強加控管的情況下，也把事情做好：「我本來一直都獨來獨往，但是擔任加州大學洛杉磯分校門診部主任之後，我逐步發展出了一套共識式的領導模式，讓團隊共同解決問題。遇到醫療狀況或投訴時，我們就即時公開透明地處理。我雖然是主管，但這並不代表我必須或我有權單獨承擔責任，這必須以團體身分來處理問題。」

電影導演薛尼·波勒也認為，領導者必然需要多數人的支持：「或許你真的可以利用製造恐懼，或透過恐嚇的手段來讓眾人跟隨你的步調，讓他們感覺自己覺得有義務跟著你，甚至你也可以藉由讓別人產生罪惡感來領導他人。」

「許多領導者都利用過恐懼、依賴和罪惡感，美國海軍陸戰隊的新兵訓練就是這樣做的。但問題是你在創造服從的同時也在創造憎恨，用物理學來比喻，就好像你可以在媒介中移動，但會產生大量的阻力和反作用力。」

「我認為以下兩種追隨動機是更加正向的，第一種是，對領導者的真心相信，另一種則是為了自己而追隨，你相信跟隨對方是當時最好的選擇。**身為領導者你必須讓他人清楚知道，比起不要跟隨你，接受你的帶領對他們來說更好**；你絕對不希望別人只是因為領了薪水才接受你的領導，而是要當一個有內涵能傳授經驗給別人的領導者。比如說『跟你一起拍這部電影，能比待在其他劇組學到更多事情』你要努力讓他們覺得自己身在其中能有所收穫。」

芭芭拉．柯迪也有類似觀點：「要收服人心，與團隊精神和氛圍有很大關係，不要把所有人放在彼此直接競爭的位置上，這做法通常會導致危機。在每份工作中，我總是努力避免公司、專案或員工之間發生政治角力，如果我被以恐嚇的方式帶領，那將無法好好工作。」

擔任過執行長的唐．瑞奇也十分同意：「有效領導其中一個真正必要條件是，你不能強迫別人去做事，他們必須是自願去做。而且我認為如果眾人很尊敬帶領他們的人，並確信這個人對公司懷有願景，他們就會願意跟隨。關於領導力我所知道的是，**唯有所有人自願跟隨你，你才有辦法帶領團隊。**」

只能激勵，無法強迫

格洛麗亞・斯泰納姆認為，能不能收服人心是「社運」與「企業」領導者之間的差異，雖然她也認為，這樣講對某些傑出的企業領導人不太公平，比如唐・瑞奇就是個很好的企業領導者。「社運領袖需要說服別人，而不是發號施令，因為他們其實沒有任何立場領導別人，但有些人之所以能成為社運領袖，是因為他們能運用鼓舞人心的方式來表述事情，讓團結成為可能。社運必須要有不同的人參與進來，而不是只有單一團體。比如在我們談「生育權」這個概念之前，多數人討論的是「人口控制」，這是一種分裂，會讓一些貧困人口和特定的種族群體感到被針對，**這個概念的問題在於，做決定的是別人而不是你**。而「生育權」闡述的是，**決定權在每個個體身上，這樣的想法能讓眾人團結起來**。世界上不會有人全然聽從我的指揮，就連我的助理都不會這樣做，我唯一的力量就是說服力，或者說，這是一種啟發人心的力量。」

作家貝蒂・傅瑞丹認為，要透過影響力而不是立場來領導：「我從來沒有去爭取管理權，但透過自己的說服力來發揮影響，不一定需要當上執行長。我最近在一所大學演講，那間學校只有百分之二的教職員是女性。當天聽眾很多，但我還是直接說，『這裡不知為何竟然如此不合時宜』，我把員工性別比例告訴他們然後問，『你們竟然沒有人對貴單位提出集體訴訟？』講座氣氛頓時變得十分緊繃，我又說，『當然，雷根已經當了八年的總統，性別平等的相關法律並沒有開始施行，但現在至少有《民權恢復法案》（Civil Rights Restoration Act），這情況對你們很不利，因為你們學校有一半的資金來自政府挹注，所以我覺得應該要警告你們一下，請多加注意！』說完我才繼續進行原本講座的其餘內容。後來那裡改善了這種情況。過去十年間我從未擔任過任何組織的負責人，但我並不需要，就能帶領別人。」

領導影響力的根基就是信任，事實上我認為**信任不僅能幫領導者收服人心，也能使追隨者留下來安心工作**。領導者製造並維持信任的四個要素是：

一、**堅定**：無論領導者面臨哪些意外，都不會害團隊措手不及，始終如一，堅持到最後。

二、**一致**：領導者言行一致，在信念和實踐之間不會有任何差距。

三、**可靠**：領導者總會在關鍵時刻出現，隨時準備支持他們的夥伴。

四、**誠信**：領導者會履行他們的承諾和保證。

當這四個特質到位時，人們就會自動站在你這邊。這些事情無法由別人傳授給你，只能自己主動去學習。像艾德這樣的人永遠無法明白這四點的重要性。

弗朗希絲·海瑟班談到她在美國女童子軍理事會的工作：「我覺得我一直有在履行承諾，並持續為願景努力，成就組織的未來且尊重他人，個人和組織的誠信都相當重要。但我還有另外一個信念，那就是把每件事都越做越好，不斷追求卓越。我們不是為了要成為厲害的管理者才跑去管人，而是為了完成任務，我不認為明日之星是打造出來的，**而是相信只要幫助大家了解自己的潛力，然後放手讓他們去做**。組織的重心就是會員，要為他們提供服務，並為組織和六十萬名志工提供機會，原本我們的培訓是依照特定的班級或地點來區分，現在則改成用議題或領域來區分，如此一來原本待解決的問題，就會轉變為用新方式提供服務的機會。」

理查·舒伯特是一九八〇年代末的紅十字會會長，他運用影響力，在這古老的美國組織中尋求改變，形同一場革命：「管理紅十字會比管理伯利恆鋼鐵公司（Bethlehem Steel）還要難。因為所有人都盯著這個組織的一舉一動；二來你大多數情況下都是跟志工共事；第三，組織的本質需要全職的領導。所以你絕對不能光是管理而已，必須要領導。」

「我花了很多時間去了解我們的服務對象，以及他們對我們的看法，還要一直牢記這個國際組織的本質。實際上全球紅十字會必須提供的服務只有兩種：戰時給軍眷提供救災和支援服務。但現在團隊提出了一個新的定位，我們不是要為所有人做所有的事，而是要成為一個緊急救難組織。所以基本上，我們會讓各分會自行去判斷當地在這方面的需求，因此，各地在健康和福利方面你能想到的所有問題，都會有一些紅十字會分會去服務。」

就如同斯泰納姆和傅瑞丹，海瑟班和與舒伯特也用他們的影響力來領導。他們了解要如何在沒有強加控管的情況下，也能把事情做好，那就是他們必須激勵而不是命令員工。

運用影響力來領導，是社運領袖的必備條件，也是與非營利機構志工共事的方式，然而以同理心和信任來激勵與說服追隨者，則可以應用在任何領域的領導中。赫曼米勒家具（Herman Miller）執行長麥克斯．帝普雷（Max De Pree）在他的著作《領導的藝術》（*Leadership Is an Art*）中也提到，這是對待每一個人的最佳方式：「每間公司最優秀的職員就像是志工一樣，這些人才在任何地方都能找到好工作，所以假如他們選擇要在某個地方工作，絕對不是出於薪水或職位這麼具體的理由。志工不需要簽約，他們需要的是一股向心力，向心力會帶來自由，不會讓人停滯不前；向心力來自於團隊共同投入在某個想法、議題、價值觀、目標和管理過程上。除此之外，愛、溫暖、團隊間的化學反應也很重要，向心力滿足更內在的需求，使工作更有意義和成就感。」

領導者、妄想家、煽動者

英國哲學家以賽亞．伯林（Isaiah Berlin）說：「狐狸知道很多事情，刺蝟只知道一件事情。」領導者既是狐狸，也是刺蝟，他們精通自己的志業或專業，做什麼都能做得很好，但同時也是人際關係的專家。無論是在公司內或外，都能與員工和同業建立並保持正向的關係；有能力理解公司的各個層面和目標，還能表達出他們的理解並加以實踐；能激發信任，卻不濫用信任。

唐．瑞奇說：「你的同事必須相信你很清楚自己在做什麼，你也要相信他們，並讓所有人知道你信任他們。我總是會多花一點時間告訴別人細節，就算他們不一定需要知道那麼多。你必須對人絕對坦誠，不要玩手段或賣弄，你更不要認為自己有權操縱他們，當然我不是說你得把同事當成大明星來伺候，或必須同意他們所做的一切，我只是認為，雙方之前的關係必須是真誠的。」

總而言之，領導者之所以能激勵他人，是因為他們理解自己，也理解他人的需求與願望，並且了解「自身的使命」。在好的領導者身上，能力、遠見和美德幾乎是完美地平衡存在，**如果少了遠見和美德，空有能力或知識，就只是個技術專家罷了；如果少了遠見和知識，只有無窮的美德，那就只是個空想家；而若沒有美德和知識，只有滿腔的遠見，那就會變成一個煽動者。**

正如管理學家彼得．杜拉克（Peter Drucker）所指出的：「領導者的主要目標，是去凝聚那些願意為共同目標努力的人。各個組織和領導者都不可避免地會面臨到人性問題，這就是為什麼價值觀、承諾、信念、甚至熱誠，在是任何組織都是基本的要素。」由於領導者主要是在與人打交道，而不是在處理各種事物，因此沒有價值觀、承諾和信念的領導，多半是不人性化且有害的。

尤其是在當今動盪的大環境下，領導者更必須要能引導出明確和一致的方向。他們必須了解各種不確定因素，有效地處理眼下的問題，同時去預想和應對未來。這意味著他們要無休止地去詳細說明、解釋、延伸、擴展組織的任務，並在必要時去加以修改。他們重視的不是最後結果，而是創造未來的美好過程。

信任是一切的基石

領導者現在面臨的其中一項主要挑戰，就是各大機構的貪腐事件，我們幾乎每天都會在新聞中看到這樣的消息。若要去探究到底是什麼破壞了大眾對各大機構的信任感，那就是有太多高層人員缺乏正直的性格，沒有堅定的道德感。

領導者的同理心和團隊的信任，不僅會影響整個組織的道德標準，也會塑造出更願意支持道德行為的組織文化。早在安隆能源公司成為腐敗企業的代名詞之前，就有許多學者認為，許多商場缺乏職業道德，且不僅縱容貪婪，還加以獎勵。匹茲堡大學（University of Pitsburgh）學者威廉・費德里克（William Frederick）在一九八〇年代末進行了一項經典的研究，發現了一個十分諷刺的事實，那就是備有一本「道德守則」的企業，通常比沒有準備者更常受到聯邦機構表揚，但這些守則裡面，通常都在強調要如何改善公司的財務狀況。華盛頓州立大學（Washington State University）研究人員瑪莉蓮・凱許・馬修（Marilyn Cash Mathews）也在一份報告中指出，有四分之三的「道德守則」裡，根本就沒有關於環境保護及產品安全的標準。馬修的結論放在如今依舊成立：「這些守則其實是在處理員工的違規行為，而不是處理公司的違法行為。」

調查了兩百多位匹茲堡當地經理人的個人價值觀後，費德里克發現：「個人價值觀會因為公司的需求而受限。」他也提到一份更早之前的研究報告，其中包含對六千名離職員工做的訪談結果，百分之七十的受訪者覺得自己被迫要去依循公司的標準，並為了遷就雇主而對自己的道德標準妥協。如果眾多高階管理者沒有被迫要去遵從某些可疑的公司規範，或許次貸危機就不會發生了。

這種企業道德的衰退就是妥協思維最直接的結果。製片人諾曼・李爾也表達了對這種思維模式的強烈反對：「我認為以前可能是教會、教育和家庭對文化比較有影響力，但現在影響最大的卻是商業。無論從什麼角度來看，我認為商業中的短視近利對當今文化影響最深，這種思維模式帶領著整個社會，讓孩子們以為做事都不用管後果，短視近利就是我們這個時代的社會疾病。」

其他領導者也很同意李爾的觀點，並指出多數公司花很多時間試圖規避法律和買通官員，如果能把這些時間和心力投注在產品品質上，就能改善他們的財報數字。

雖然沒有任何研究對於企業道德和獲利之間有所定論，多數研究並未證實這兩者之間有直接的關聯性，但詹姆斯．伯克指出，有道德的企業才能持續盈利，正如他所帶領的嬌生一樣。他說：「要創造出一種正直的文化，才能去吸引你所重視的人才，我們可以說這就是領導力，但也能說這是在創造正向的氛圍，並成就更好的願景。」

前幸運超市執行長唐．瑞奇也同意上述觀點：「我的出發點是，去假設人們都想成為有道德的人，這有點像推己及人的哲學。因此如果你能建立出一種正直的氛圍，不光是傳達出來，還要讓人看到你在親身實踐，而且能帶來正面效果，這樣就不會產生勾心鬥角，知道在賺錢的同時也要保持道德感。除此之外，懲處不道德行為時要態度強硬，比如發現有人在營收數字上做手腳，就該告訴他如何用正確方式達到營收目標，否則寧可他虧錢也不願意他做假，如果再發生這種情況就會開除他。道德可不是隨便說說而已，這種方式很有效，我很幸運能在這間公司上班，在日常決策中，我從來不需要在正確的事和公司收益之間做出選擇。」

但獵頭公司光輝國際創辦人理查．費瑞指出，在商場上像伯克和瑞奇等關注道德的人仍然算是少數。他說：「有一些傑出的美國公司執行長，他們很清楚知道要怎麼做才能讓公司具備未來的競爭力，但他們陷入了困境，如果不想要自己的公司被惡意收購，唯一方法就是讓公司股價上漲。但任何認真考慮未來的人，其實都可能會讓自己的公司和職涯暫時涉入風險之中，因為投入大量資金在研究與開發新產品時，往往不會有立即的回報。許多大公司都把工作內容寫得很華麗，振振有詞地討論著長期策略，但最終他們想要的還是一個能夠帶來短期效益的高階主管。」

伯克就致力在與這種社會疾病對抗。諾曼．李爾告訴我，伯克用了一些方式來提升各大企業高階管理人的道德意識，這在如今依然適用。

李爾說：「詹姆斯．伯克籌辦了幾場午餐聚會，邀請其他執行長一起參加，一開始他們都對改善企業形象的做法很感興趣。他們不願意承認企業大量獲利的手段其實造成公司形象不佳，但隨著越來越放鬆地交流後，你發現他們其實都意識到自己需要幫助。他們不是壞人，短視近利也不是從他們開始的，雖然知道這是錯的，但卻陷入了難以逃脫的陷阱，只是需要別人來舉起一盞大燈，讓所有人都能看到錯誤的地方。他們可以默默地為導正風氣做出貢獻，但沒辦法直接跟眾人說，『我不要加入這場短視近利的遊戲。』因為他們的義務是對股東負責，而股東來自於整個經濟體系，這是他們無法擺脫的枷鎖，然而如果他們能找到方法來關注這個問題，氣氛就會慢慢改變，行為也能隨之改變。」

用影響力推動成長與進步

用影響力來領導，透過信任和共鳴來激勵他人，不僅能讓人們站在你這邊，還能改變社會風氣，讓人們做正確的事。當領導者在同儕之間發揮影響力，例如像伯克這樣的人，就能會改善整體氛圍，並重塑他們的公司，更有效地應對大環境。

領導者可能會發現，公司的既有文化經常是正向改革的障礙，因為公司在現有的框架之下，往往會努力維護自身的優勢，而不是迎接新的挑戰。

約翰·史考利任職於蘋果時，談到過公司改革的必要性：「二戰之後，美國身為工業時代世界經濟的中心，教育、商業或政府領域等組織，各大機構都強調自給自足，組織也是非常階級化的，但這種模式現在已經不適用了。新的經營模式強調全球性，與各地形成相互依賴的網路。**因此新的領導者面臨著新的考驗，比如你要如何帶領下屬以外的其他人？包含其他公司的人、日本或歐洲的同行，甚至是競爭對手。**」

「你又該如何在這種大量創新、緊密相連的網路世界中找到方向？這需要一套完全不同的技能，要有想法、人際關係技巧和新的價值觀。我現在說的這些並不是新觀念，但現在我們身處在全新的情境中。過去可能是小眾的東西，現在變成了主流，在過去的十年裡，人們的偏好發生了轉變。傳統領導者很難理解大環境的現況，因為他們的理解一直停留在舊模式的經驗中，如果你把同一組事件或事實放在不同的環境中，就可能會無法理解發生了什麼事。」

史考利繼續說道：「我在百事可樂（Pepsico）的前老闆和ＩＢＭ現任負責人，在二戰時都曾經當過戰鬥機飛行員。但二戰飛官的領導模式已經不適用於當代了，新一代的領導者更精明。從工業時代到資訊時代，這代表了什麼？不僅是我們擔任企業領導人或管理者的方式已經改變，環境本身也一直在變化，充滿新點子、新資訊，因此脫穎而出、爬到頂層的人，勢必會是擅長應付也樂於接受創新與資訊的人。」

「我曾經參與過企業董事會，覺得這樣可以跟前輩學習，但自從來到蘋果，我就辭去了所有的董事會身分。」

勞勃・道克森來到加州聯邦銀行時，也不得不改革公司的負面氛圍：「我剛上任時，沒有人願意幫助我了解業務內容。這是一間內部分裂的公司，裡面有許多派系，人與人之間有許多隔閡，他們拒絕彼此交流，當時我想自己是不是根本不該來這裡。公司裡有十一位資深副總裁，全都在覬覦我的位置，但我決定不會清理門戶，而是要贏得所有人的支持，讓他們跟我合作而不是反對我，這就是我後來做的事。」

「我認為在著手改變公司文化時，你首先必須做的就是讓團隊成員站在你這邊，讓他們明白你想把公司帶往哪裡。信任感非常重要，**唯有當你不跟團隊玩手段，把所有事情都攤在陽光下，誠實地告知詳情進而得到信任**。就算你不善於表達，你的真誠也會反映出來，人們看見這一點之後就會做出正面回應。」

「我認為要信任有遠見的人，而且他要有能力讓你看到他的遠見是正確的。我相信這家公司可以成為太平洋地區的金融機構領袖，我也希望我的繼任者，無論他是誰，都有這種遠見，我希望他不是來管理這裡，而是帶領大家。」

詹姆斯·伯克在嬌生發現了很多正面的特質，但他也發現了一些落差：「我有很實際的願景，認為自己清楚看到未來的模樣，也了解實現這個未來的必備要素。我開始看到這間公司有許多優秀的價值體系，但比較不理解複雜的行銷原則，幾乎可以說是全然不理解。」

「嬌生的環境有助於人們學習領導，因為有高度的權力下放。老闆採用產品經理制度，因為他發現隨著公司規模越來越大，若要完成任務，在大的體系中設立較小的單位就變得越來越重要。他下放決策權，讓公司的每個單位都能發揮創造性的能量。」

「我一直認為有創造性的混亂和衝突是好事。有時我會站出來反對某些事，單純是為了要激發成員間的思辨，這樣我自己也能想得更徹底，公司也能更有效地運作。」

「公司越是自由，體制中的差異性也會越大，就越容易培養出更多的領導者。美國企業的其中一個問題，就是他們習慣跟著單一領導者的腳步，整間公司的風格就會變成他的個人風格。這會讓公司變成垂直管理、階級森嚴，而我認為這樣沒有辦法把事情做好。相對來說，我們公司是非常平行、開放的，所有人都能用自己的方式來完成工作。」

我訪談過的所有領導者都相信改變（無論是人或組織），他們視改變為快速且無形的成長和進步。事實上你可以說他們一直以來的工作就是推動和應對變革，但大環境的變化也可能是造成障礙，「我們無法控制的情況」往往是各大機構都經常面臨的現實。

改變並不是什麼新鮮事。亞當和夏娃離開伊甸園時，亞當可能會說：「我們現在正進入一個過渡期。」我已經寫了三十多本書，從某種意義上說，每一本書都與「改變和應對改變」這個課題有關，然而這個世界從未像現在這般動盪，變化如此多端且如此劇烈，所有人都經常面對不確定性，甚至無法確定這些動盪的原因或來源。

領導者也必須在自己的人生道路上不斷因應變化。就像前面提過的，芭芭拉·柯迪說：「我至少有過四段完全不同的職涯，而且很可能即將迎來第五段。」從那時起，她就一直在面對變化，後來還成為了南加大的媒體新聞教授和管理人員。

卡普蘭也從阿斯彭研究所（Aspen Institute）跨足到華盛頓特區，最後進入華特迪士尼電影公司，最近又到南加大。他還在迪士尼的時候對我說：「待在這行的其中一個好處就是，你可以用許多相當不同的身分參與其中。我對當高階主管已經沒那麼感興趣了，也幾乎已經決定，可能明年的某個時候，我就會離開這個職位去重新開始學習，我覺得我應該會去當編劇或製片。」

艾爾弗雷德·戈特沙爾克任職於希伯來協合學院時，堅持要在合約裡加入一道免責條款。「我基本上能一直待到退休，他們也希望如此，但我堅持要加上那道條款，以防雙方中有一方心懷不滿，到那時就能重新討論。如果我開始對事情不滿意，也就不打算戀棧，而若他們對我不滿意，也同樣不需要慰留我。過去的十七年裡這道條款一直是有效的，他們知道我做事情的理念，如果有一天這裡的信念崩壞，他們就知道我隨時會辭職。」

唐·瑞奇也說：「你應該保留說出『我不幹了』的能力，離開去走自己的路。這個能力能讓你獲得自由。」

傑出的領導者都能夠預見這世界的變化，並想辦法應對，不僅會望向康莊大道，也會著眼於路途中的崎嶇；將改變視為機會而非障礙；接受變化而不是對此抗拒。滑雪新手在學習時遇到最難的課程之一，就是要往山丘的反方向傾斜，而不是同方向，多數人都會自然而然想要盡可能地靠近山坡，這樣感覺更安全且有保障。但滑雪時，唯有往反方向傾斜，你才能移動並控制自己的速度和方向，而不是被山坡的傾斜程度所控制。

企業管理新手也是如此，如果一味依從公司的陋習，就如同滑雪手被淹沒在山丘的斜坡中。領導者會站在高處，往另一頭傾斜過去，找出自己的道路，對路線的走向一目了然，至少在下雪之前都是如此。就像人不可能對抗天氣，對抗變化也是徒勞的，而這時代無情的變化，就是那無可對抗的天氣，它持續改變而且不可預測，無論是領導者或企業都身處其中，但組織還有許多事情可以做，讓這個過程變得更加容易。

Chapter 9

與世界同步變革的「動態領導」

我傾向相信，我們所謂的必要制度，只不過是我們習慣的制度。社會構成的各種可能性，其實遠比所有人所能想像的還要寬廣得多。

——亞歷西斯．托克維爾（Alexis de Tocqueville），
《民主在美國》（*Democracy in America*）

世界不斷變化，前所未有的大環境壓力紛紛湧現，然而在四面楚歌的情境中，絕大多數的組織都只是在不斷守舊。就像一則古老笑話所說：「他們以為只要把馬車圍成一個圓圈，就能抵禦核彈攻擊，以為只要不移動，也不會受到推擠。但其實在那圓圈之外，一切都在變動。」

雖然越來越多的組織願意擁抱改變，但整個大環境卻依舊令人不安。近年來非營利性機構成本急劇上升，收入來源枯竭，來自各方的捐贈也大幅縮水，他們的使命備受挑戰。而美國大企業也負面消息不斷，嚴重程度遠遠超過二十一世紀初的幾場大規模貪腐，讓爆料記者們忙得不可開交。

即時通訊和全球化成為新現況，正因如此全球市場也以前所未有的速度發展。工作的本質已經改變，越來越多的人同時身兼好幾個不同的職務，而不會對一個單一機構許諾終身。美國石油大亨保羅・蓋提（J. Paul Getty）說過他的成功秘訣有三個：「一、早起；二、努力工作；三、發現石油。」但現在事情似乎已經沒有那麼簡單了。

然而不要視改變為敵人，相反地要看作是個人成長和拯救組織的泉源。唯有改變自己，才能讓帶領的組織重新回到時代的軌道上，並且進入產業的核心。

推動變革的科技力量

近五十年來最重要的發明就是晶片，以前需要一千兩百名工人才能生產出來的產品，現在只需要四十個人就能完成。有人說，未來的工廠可能只要由一個人和一隻狗來管理就足夠，人的職務是餵狗，而狗兒負責防止人碰觸機器，甚至任何一個人來餵狗都可以。

電腦和網際網路的出現徹底改變世界。網路加速虛擬社群的建立，志同道合的人們因為網路而得以找到彼此，而這樣的轉變帶來的結果有好有壞。如今全世界的人都能用前所未有的規模進行創造性合作，比如熱愛在自家後院觀星的人，能幫助專業天文學家發現過去忽視的天體；不幸的，國際恐怖分子也可以利用網際網路來進行謀畫，攻擊全球各地人口密集的大樓、夜店或是其他「容易下手的地方」。另一件值得擔憂的事情是，那些無法使用網路的弱勢族群，可能會比以往更加深陷於社會底層。

數位科技正重塑人類的生活且已是無遠弗屆。以部落格來說（又稱為網誌），二〇〇二年大約只有一萬五千個，到了二〇〇七年就已有七千萬個部落格充斥在網路上。由於許多免費易用的部落格軟體，讓任何人都能輕鬆建立，專家透過它分享自我知識，公司也用此管道建立品牌和進行危機控管，也有人用來發表稀奇古怪的個人觀點。在二〇〇八年的美國總統大選中，部落格也成為兩邊政治宣傳的主要力量，無論如何，它都已削弱了主流媒體本就已逐漸勢微的力量，大批自由公民記者應運而生，他們以數位報導者的身分發揮監督的力量，企業和政治領導人也因此必須更加負責任。在中國、伊朗和其他國家也因為它，讓當地執政的透明度有所提高，即使他們曾試圖控管，但也變得越來越困難。部落格逐步成為引領潮流的中堅力量，也是對傳統專業概念的挑戰。MySpace 和 Facebook 等社群網站的崛起，也改變了人與人之間的關係，得以團結起來支援或反對某些權威領域，並向世界展示自己的價值。然而網際網路既可能創造聲量，也有可能毀壞名譽，受網路霸凌的青少年發生自殺的悲劇層出不窮，這時就應該要加以省思。

另一方面影像技術也正在揭開人類大腦的奧秘，顯示出大腦的哪些區域會掌管決策或其他形式的人類行為。我們現在知道，大腦的可塑性比過去所知要大許多，直到成年仍然能繼續生長和修復。生物科技實現了過去只能出現在科幻小說裡的情節，遺傳密碼已經被破解，動物也能夠被複製。重大突破接二連三的出現，但毫無疑問，往後還會有更加讓人眼花撩亂的新發現，從某間看似不起眼的生物工程實驗室中崛起。

改變世界樣貌的全球化

二戰後的日本迅速成為世界經濟的主要參與者，美國人常常一早醒來就在確認日元和美元的匯率，洛杉磯市中心百分之五十的土地為日本人所有，他們的外國投資也遍佈全國，從房地產、金融到商業投資，足以成為全國矚目焦點。如今是全球相互依存的時代，這也表示，假如有其中任何一個國家犯錯或發生貪腐，世界上每一個經濟體和國家都會連帶受到影響。

比如中國曾製造出含鉛的玩具，對兒童造成威脅，進而損害美國聖誕商機，而美國的次貸危機，更是讓世界各地的經濟都遭受衝擊。當然經濟收益也是全球共享的，美國各地都有類似矽谷的地方，比如德州奧斯丁，甚至愛爾蘭、印度、中國也都有一座繁榮的高科技中心。愛爾蘭由於幾年前經濟開始下滑，曾經充滿紛爭的北愛爾蘭便開始強力招募高科技工作。

又有誰能料想到某些原是蘇聯的附庸國，如今卻踏入歐洲共同市場，與歐洲各國使用共通的貨幣和港口？目前歐盟共有二十七個成員國（馬其頓和土耳其仍在候選名單），擁有近四億四千萬*的政經力量，據估計，其經濟規模在二〇〇七年為十六點八萬億美元。同時中國的經濟影響力也極大，並且隨著十三億人口的創業能量逐步釋放，經濟還在持續成長。麥肯錫管理顧問公司（McKinsey）的研究人員預測，在未來十年裡，全球市場將增加近十億的新消費者，因為新興國家的人民開始賺取平均五千美元或更多年薪，若想要自由支配自己的消費，這是最低的收入要求。

人口結構與價值觀轉變

美國人口已經開始高齡化。根據二〇〇〇年的人口調查，五十歲以上的美國人口就七千七百萬，在十年內成長了百分之二十一，是增長最快的年齡族群，他們需要一套全新的商品和服務。二〇〇八年，六十五歲以上的美國人口有三千八百七十萬，占總人口的百分之十二點七。預計到二〇五〇年，六十五歲以上人口將增長到八千八百五十萬，屆時每五個美國人中，就有一位是六十五歲或更年長。銀髮人口增加的後果之一，就是年輕人越來越擔心未來要撫養退休人口的沉重負擔。由於現在的美國長者普遍比過去任何世代都來的更健康，於是越來越多人重拾年輕時的活力，熱絡地投入熟齡相關的事業中。

與此同時，戰後嬰兒潮世代和其他美國長者，都十分擔憂阿茲海默症之類的重大疾病，因這種恐懼感而創造了這個族群的專屬詞彙，每當有年紀稍長的人想不起別人的名字或電話號碼時，大家就會說這是「老糊塗了」。

職場的人口結構也開始發生變化。在二十一世紀初，職場工作者中僅有百分之十五是白人男性，百分之二十五是白人女性，其餘為拉丁裔、非裔和亞裔。

其中拉丁裔人口是美國成長最快的少數族裔。從一九九〇年到二〇〇〇年就增加了百分之五十，達到三千五百三十萬人；到了二〇〇八年，人數來到四千六百七十萬，占總人口的百分之十五；從二〇〇〇年開始，拉丁裔人數就已超過非裔，二〇〇八年開始非裔美國人共有四千一百一十萬，也就是總人口的百分之十三點五。預計到二〇五〇年，這種差距會越來越大，屆時拉丁裔人口預計將達到一億三千兩百八十萬，非裔人口為六千五百七十萬。至於亞裔與太平洋島

＊四億四千萬為截至二〇二二年的歐盟會員國人口總數。

各國族裔人口，二〇〇八年總共僅占了百分之五。拉美人口逐漸成長，也開始改變從國家政治到消費品行銷方式的一切。同時越來越多的美國人認為自己屬於一個以上的種族或族裔，這樣的趨勢被許多人認為是破除部落主義（tribalism）和分離主義的解藥。歐巴馬的父親是肯亞黑人，母親是堪薩斯白人，他在選舉後的第一次記者會上，便俏皮地自稱是「混種人」，這可能也加速了非單一族群認同的趨勢。

美國消費者日趨成熟，他們更加重視產品品質與安全，要求業者提供更多好的服務，以及可以節省時間和能源的產品。油電混合車、竹製地板，以及綠色產品的熱銷與魅力也證明，人們也開始關心地球的環境和健康。另外越來越多的女性身兼母親與職業婦女的身分，幾乎都希望能在工作與家庭之間取得平衡，所以開始尋求從芳香療法或瑜伽紓解繁忙的生活壓力。

以上這些變化都各自造成了巨大的影響和作用，而若把這些變化放在一起看，再考量它們彼此之間的加乘效果，足以引發一場革命了。而革命的過程中，勢必會在土地上帶來更多的轉變與波瀾。

過去當一間公司推出一種新產品，只需要有所行銷，幾乎就能輕易銷售，當然會有競爭對手，但基本上每個品項在消費市場上都有足夠的空間。現在情況卻已大不相同，管理學家湯姆・彼得斯（Tom Peters）曾經描述了一九八〇年代商場上的典型情境，當公司正準備將自己的產品推向市場時，以下情況接連出現：

- 一間來自韓國的新競爭者。
- 一間價格低廉、品質優異的日本公司。
- 新崛起一間或幾間新的美國公司出現在市場上。
- 一間美國老牌公司使用了新的方法。
- 一個長期競爭者將公司與旗下優秀的銷售體系一起賣掉
- 某間公司的配送系統電子化，使配送時間縮短了百分之七十五。

接著公司還發現他們有以下新任務必須完成：

- 設定市場區隔。
- 回應消費者快速變化的新需求與品味。
- 處理貨幣匯率的浮動。

- 承擔海外供應商服務中斷的風險，比如該國政府無法清償外債時。

雖然相較於過去歐盟尚未成立時，現在的公司如果要把新品銷往歐洲，只需要顧慮歐元的匯率浮動，但如今的市場又更為複雜。比起湯姆．彼得斯所描述的八〇年代，利基市場行銷變得更加重要，比如它轉換了雜誌產業，現在似乎只有特殊興趣的雜誌才能蓬勃發展，比如像《Real Simple》這種類型的雜誌，提供讀者許多放慢生活腳步和放鬆身心的建議。此外在網際網路的推動下，游擊行銷（Guerrilla marketing）也成為常態，新的競爭者現在幾乎能在一夕之間出現，並從步伐笨重的企業巨頭手中奪走市場占有率。

除了彼得斯列出的情境，這個時代還面臨一些其他的現象：

- 網際網路
- 有線電視和衛星轉播。
- 單親家庭、職業婦女、獨居者與非傳統型態的家庭。
- 房價飆漲，美國各地僅有五分之一的家庭能買得起房子。
- 病患的不滿日益高漲，健康和醫療費用爆漲。

- 電子商務。
- 好打官司、充滿敵意的社會。
- 支離破碎的機構。
- 非英語及文盲人口不斷增加。
- 持續的貧困、吸毒和遊民問題。
- 國際恐怖主義。

由於組織是現代社會、經濟和政治的主要型態，也由於商業是當代美國的主導力量，當面臨到美國社會上這些全面性且深刻的變化時，各大組織勢必首當其衝，尤其是企業更是必須去應對改變。許多新機構和企業已經或多或少地作出調整，能在這種動盪的環境中有效運作。但是，多數現代企業誕生於一八九〇至一九一〇年間，當時發生了美國商業史上最近一次的巨大整體轉型，這些公司有兩個主要特徵，也就是多個經營單位以及多重管理階層。顯然現在該是進行另一次轉型的時候，**而這次轉型的關鍵會是組織對工作人員的態度**。

組織既是這個時代的主要型態，也是主要的塑造者，就像是社會的建築師，而這意味著，組織的管理階層也必須有能力擔任社會的建築師。首先必須保證自己帶領的團隊是誠實、有道德的；接著他們必須重新規劃，讓組織能以更加人道和實用的方式來塑造社會。

總而言之這些人必須成為領導者，而不是管理者。

企業組織的再造

美國偉大的企業會反映並延伸了創辦人的精神。福特汽車就如同亨利・福特（Henry Ford）本人，而通用汽車反映出艾爾弗雷德・史隆（Alfred Sloan）的特色，美國無線電公司（RCA）則彰顯出勞勃・沙諾夫（Robert Sarnoff）的帶領風格。當代的公司也反映了領導者的作為，只不過現在的情勢不再那麼單純，甚至這種反映經常是片面且不完整的。除此之外偉大的老牌企業本身就是變革的推動者，但現在的企業卻往往是變革的受害者，比如亨利・福特支付給裝配線工人的薪水，在當時可是前所未聞：每天五塊美元。

在這服務與資訊都十分密集的時代，每個組織的主要資源就是人才。早在一九九〇年代的網路熱潮爆發，就有越來越多的組織已經明白，創新構思和有想法的人才就是他們的資產，組織爭取優秀人才的青睞，提供訓練與豐厚獎勵；但到了二〇〇〇年，經濟開始降溫，各大組織又開始將員工視為一種取代性很高的開銷，而不是獨特的資產。這種迂腐的態度使得各個組織容易忽視內部成員的潛在貢獻，也使得組織本身無法充分利用資源來進行重塑。**組織和個人一樣，都必須從經驗中學習**，運用自身的優勢與資產，而如果要實現願景，組織也必須成為自身領域中的領導者，而非僅是營運而已。

雖然亨利・福特是個反猶太主義者，還有許多性格上的缺陷，但他也確實是一位具有非凡遠見的領導者，這種願景透福特汽車這家公司充分顯現。**然而就如同這個世界不斷改變，願景也應該是動態而非靜態的，必須能被更新、調整和適應，一旦太過時就必須放棄和替換。**

以前福特汽車仰賴創辦人的遠見運作，直至枯竭，如今他們和美國許多其他汽車公司一樣，正在為生存奮戰，在連續多年流失數十億美元之後，汽車產業正試圖在二十一世紀的新環境中重整。二〇〇八年底，福特和其他汽車公司希望政府發起的救助計畫能為他們爭取到調整腳步的時間，比如研發更多油電混合車和其他綠能車款，吸引關心瀕危物種的消費者，而不是只在乎後車箱容量的駕駛。

福特汽車知道，如果企業成功甚至是起死回生，那一定是來自於所有人的通力合作，公司領導者、設計師、廠房工人、工會，以及相信汽車產業值得拯救的政府官員們。用音樂來比喻的話，無論是福特汽車還是其他同業，每間企業就彷彿是一支管弦樂團，成員之間彼此相互協調，共同演奏出一首和諧的樂曲；樂團不會只有一個演奏者，整間公司也不會只有亨利·福特一人發號施令、名利雙收，時代已經不同了。

真正具有創新精神的組織，就會知道要著手運用本有的資源——也就是他們的員工，更會知道要提供適當的支援，讓人才發揮潛力。但事實上卻有許多組織反其道而行，選擇大量裁員而不是培養人才，一心只想要守住營收。一九八〇年代，《紐約時報》把企業生態描繪成「無情管理的年代」，從一九九三年開始，「企業再造」（Re-engineering）蔚為潮流，公司只顧大砍人員配置，完全不重新思考營運的各個面向並重新自我檢討。無情的管理或許能避免公司在短期內遭逢巨變，但若想獲得長遠的成功，領導者必須更具遠見。

網路公司有一段時間大量崛起，當時各大公司確實都在搶人才，但唯有具備遠見的領導者與健全的商業實踐相互結合時，成功才有可能長久。

湯姆．彼得斯在《亂中求勝》（*Thriving on Chaos*）一書中提到，隨著時間推移，可以慢慢看出成功的組織都具有以下共同特徵：

- 一個較扁平、階級較少的組織結構。
- 較多的自治權。
- 商品和服務朝著高附加價值方向發展。
- 品質管控。
- 服務管控。
- 積極調整。
- 革新速度。
- 彈性。
- 專業的員工，執行力與想法兼具。
- 每個階層都有領導者，而不是管理者。

這些領導者會承擔組織許多的新任務，前一代人很難想像這些任務的內容，但現在它們極為重要，包含：

- 確立組織使命，擬定執行框架並讓團隊了解。
- 創造一個有彈性的環境，讓員工不僅受到重視，還被鼓勵充分發展潛能，並得到平等對待，而不僅是公司的附屬品。
- 重塑企業文化，用創造力、自主性和持續學習取代順應、服從和死背；目標是長期成長而非短期利潤。
- 將組織從僵化的金字塔轉變為流動的循環，或不斷進化的自主單位。
- 鼓勵創新、實驗和承擔風險。
- 了解現在、洞見未來。
- 在組織內部建立新的連結，在工作團隊中建立新的關係。
- 建立組織外部的新聯盟。
- 不斷從外部和內部觀點研究組織。
- 確定組織運作較薄弱的環節，對弱點進行修復。
- 從全球角度考慮，而非從本國或地方的利益出發。
- 辨別並應對全新且前所未有的勞動力需求。
- 積極主動而不是被動反應，對模糊與不確定性的情勢感到泰然自若。

總而言之，彼得斯所描述的，就是公司應該交由領導者而非管理者來帶領。

若要在這動盪的環境中取得成功，領導者必須具有創造力，也要深謀遠慮，但許多公司都不把這兩種特質當成優勢，或者說比不上對成本的敏略度。真正的領導者必須是全球戰略家、創新者、技術大師，這些都需要新的知識和理解，很少有公司會給予這樣的舞台或鼓勵這樣的特質。

愛因斯坦曾經說過：「我們的思考模式造就了當今世界的模樣，而當這個世界出了問題，人類卻無法用創造問題的水準，來解決自身創造出來的問題。」或者就像我一位朋友說的：「有時候要讓自動販賣機正常運作的方法，就是只能踹它一腳。」前面章節中已經有提到許多人，他們都是先歷經失敗才獲得成功，就像販賣機一樣被踹了一腳，受挫往往會讓人大開眼界。

我在麻省理工學院當研究生時，修了一門臨床心理學課，其中一項作業是要去拜訪波士頓一間精神病院，每位同學要找一位病人，並在醫護人員陪同下每週面訪對方一次。第一次拜訪時我想和病人握手，結果病人就踹了我的小腿，因此我必須從全新且不同的層面來檢視自己對社交禮儀的所有假設。同樣的，各組織現在也需要被踹一腳，好讓他們重新開始顛覆自己原本的預設。

印度聖雄甘地說：「我們必須親手打造心目中理想的世界。」只要組織本身做出改變，就會改變世界，然而到目前為止，各組織往往埋沒了領導人才，而不是鼓勵員工發揮領導力。

培育領導者的環境

我已經提到過許多埋沒領導者的狀況，以及這些狀況所造成的影響。那麼，各大組織究竟該如何鼓勵領導者呢？**領導的基礎是學習，而且主要是從實務歷練中學習**。摩根．麥考（Morgan W. McCall,Jr.）、邁克爾．隆巴爾多（Michael M. Lombardo）及安．莫里森（Ann M. Morrison）在合著的《經驗的教訓》（Lessons of Experience）一書中指出，當詢問高階主管想提供哪些建議給年輕經理人時，多數都提出以下三個基本方向：

一、善用每一個機會。

二、積極尋找意義。

三、了解自己。

當然，我訪談過的所有領導者也都表達過相同主題，因此組織必須為員工提供各種經驗，讓他們有機會學習，最終具備領導能力。

領導者不是由企業課程或學校課程造就的，而是透過經驗塑造而成，也就是說，人才所需要的並不是像「職涯規劃」或培訓課程。**他們需要的是一間致力為潛力領導者提供機會的公司，在一個允許成長和變化的環境中透過經驗來持續學習。**

各大組織往往口頭上說重視領導力發展，然而在心理學家萊曼．波特（Lyman Porter）與勞倫斯．麥克彭（Lawrence McKibbon）所做的一項研究顯示，只有百分之十的組織在這方面投入時間。確實有一些公司已經找出創新做法，來確保自己能培育出未來的領導者。其中最好的例子就是奇異公司（General Electric）的「人才工廠」（People Factory）計畫，這是當時的執行長傑克．韋奇（Jack Welch）在紐約克羅頓維爾創辦的一所領導人才學院。英特爾（Intel）則是另一個培養領導者的先驅，每年在每位員工投資超過五千美元。但這都只是少數案例，應該要有更多公司做出改變。接著來談組織可以鼓勵與刺激員工學習領導的方法。

機會來自賦權

在職涯的早期階段，公司就可以提供領導機會給具備潛力的員工，藉此培養他們的動力，激發出敢做敢當的精神，並建立自信心。這類機會包含讓員工接觸到核心事務，去運用、測試和發展他們執行層面以外的其他能力，比如發展戰術、策略和概念技巧。此外也可以藉由工作分配來檢視或重整舊的人事制度，擬定新政策，或提供調派海外的職位。

特殊專案也是很好的歷練。比如一九八〇年代，太平洋貝爾電信（PacBell）就指派專案團隊，前往洛杉磯的民主黨全國會議及一九八四年的奧運打造臨時通訊系統。在這些專案中，團隊成員們都必須在嚴格的時間限制之內，設計出讓臨時系統有效運作的方法，更重要的是還得讓公司獲得利潤。

這種歷練對所有參與成員來說都極具啟發性。事實上，團隊被要求在短時間內從零開始，設計、打造和運作高度複雜的通訊系統，讓一整個小鎮臨時使用；等到活動結束再以同樣的速度與效率拆除。任務成功完成後，團隊成員們在各個方面都發生了變化，因為他們接受了一次非凡的考驗，並以優異的成績通過了。

根據太平洋貝爾電信的說法，許多團隊成員透過這次磨練，成長為潛在的領導者。

摩根・麥考等作者認為，許多企業已經設計出巧妙的方法，來測試和培育有抱負的領導者，包含：

一、規劃風險預算，讓潛力領導者有餘裕能夠實際嘗試新做法。

二、將低利潤的小事業單位交給年輕主管。

三、不放棄陷入困境的事業單位，給潛力領導者扭轉局面的機會。

新血往往會帶來新的做法和想法，因此讓潛力領導者有機會帶領團隊，而不僅僅是管理而已，就可能會激發出他們的活力。

如果公司有新的專案正在進行，無論是編制了一個新部門、規劃新產品或新服務，又或者正要推出新的銷售活動，都必須**把有抱負的潛力領導者納入團隊**，如果能直接讓他們負責更好。公司將有可能受益於他們的嶄新視野，而他們也能從這段經驗中學習如何從零開始創造。

勞勃・湯森（Robert Townsend）在一九六〇年代曾讓安維斯租車（Avis）轉虧為盈，是一位極具指標性的領導者，他相信高階主管要從客戶的角度出發，從根本上了解業務內容，安維斯租車就要求每位高階主管都定期穿上公司的紅色夾克到收銀台工作；偉大的德國作曲家兼指揮家古斯塔夫・馬勒（Gustav Mahler）也要求交響樂團的每位成員，要定期去坐在聽眾席上，從聽眾的角度檢視樂團的音樂和視覺效果。

全球最大退休金計畫「美國教師退休基金會」（TIAA-CREF）前董事長暨執行長克里夫頓・沃頓（Clifton Wharton，見附錄人物小傳27）說：「有潛力的人就會被看見，因為他們會不斷往上爬，一定要去培養這些潛力，並幫助他們成長。在性格或類型雖然沒有明顯的一致性，但仍有一些基本的相似之處，其中之一便是他們都擁有知道如何使事情順利運作的第六感，有些人似乎就是知道該怎麼掌握重點，並有創造願景的能力。他們具有實現事情所需的承諾和熱情。」

工作輪調則是另一種方式，可以讓潛力領導者有機會深入認識組織，並以不同角度去審視整體狀況。

如今讓行銷人員參與產品設計過程就是很常見的做法，同樣的，產品設計人員也應該參與市場行銷。有抱負的領導者應該輪流加入其他領域，像是組織的長期規劃、客戶談判、銷售以及派駐海外。

投入得越多，學習的機會就越多，當然失敗和錯誤的機會也就更多。但失敗和錯誤是重要經驗的主要來源，正如我訪談過的大半領導者所言：「**沒有風險就沒有成長，沒有錯誤就沒有進步。**」的確，如果你從來沒有犯過錯，就表示你可能從來沒有足夠努力。

既然犯錯是必經之路，那麼組織也要能夠用健康的心態來面對犯錯：

第一、鼓勵潛力領導者去承擔風險。

第二、將錯誤視為是其中一個過程，犯錯很正常而不是一種異狀。

第三，出錯時採取修正措施，而不是去加以指責。

飛行員布魯克．納普說：「人分成兩種，一種人會因為恐懼而裹足不前，另一種人即便害怕還是會繼續前進。**人生的重點不在於你面臨了什麼樣的限制，而是你如何選擇。**」健康的企業文化會去鼓勵人們相信自己的選擇。

正如我們所看到的例子，也正如摩根．麥考等作者的研究，潛力領導者會從難纏的老闆身上學到的本事，有時甚至比從好老闆身上學習到的還要多，但是給予老闆建言一定比對抗他們更能為組織帶來生產力，誠實以待也一定比毫無意義的客套話更具意義。

所有組織，尤其是那些成長中的組織，都彷彿在穩定與變化、傳統與反思之間走著鋼絲。因此這些組織務必要運用一些方式來反思經驗，並把反思機制提供給員工。

意義成就願景

麥考爾和其他共同作者所訪談的高階主管們說，雖然找導師的想法聽起來不錯，但實際效果不彰。一來是因為多數員工不會在組織的同一職位上待那麼久，久到足以從師生制度中獲益，二來是因為所謂的「導師」其實並沒有什麼意義。

其實組織本身就就應該要以身作則，其行為、氣氛和步調會帶給員工正面或負面的影響，及價值觀，包含人性面和管理面也事關重大。如果組織的意義、願景、目的和存在的理由都不夠明確，又或者沒辦法用實質的方式鼓勵出色的員工，那就也沒有辦法鼓勵員工反思，反而是像無頭蒼蠅一樣。

企業願景會在三種層面上發揮作用：首先是**策略**，這是組織最重要的理念；再來是**戰術**，將策略付諸行動；最後是**個人**，它是每個員工體現出來的行為。假設你想衡量某個零售公司的效率，可以去評估旗下商店店員的態度，如果店員很粗魯、狀態不佳或手足無措，那可能就是高階主管很無能，或是這間公司缺乏一以貫之的願景。且讓我把愛默生說過的話作個延伸：「**組織是由公司本身和它的狀態所組成的。**」

反思這個動作相當重要，無論是哪一間公司、哪一個層級的員工都應該如此，而且由於當今社會氛圍如此繁忙，員工的倦怠感對公司來說更是一種威脅，所有的主管都更應該練習**新的「3R」法則：閉關、充電和回歸**（retreat, renewal,return）。

學術界也早已了解休息的價值，其他組織也該要從善如流。時任迪吉多數位設備（Digital Equipment）執行長肯·奧森（Ken Olson）每年夏天都會休假兩周，遠離電話或與辦公室的任何聯繫，跑去划船。

民主黨議員傑米·拉斯金也說：「當我完成所有工作、與每個該談話的人說完話後，就一定會要靜靜休息，這時候我才能最強烈地感受到自身真實的東西。」正是在這樣無人打擾的時刻，意義、理解才會開始出現，而新的疑問與新的挑戰，也會隨之而來。

約翰・史考利總結道：「有很多組織的運作方式讓他們完全不可能培育出好的領導者。像是有些組織文化中有負面的根基或嚴重的官僚主義，再有才華的人，都不可能從這樣的地方崛起成為強大的領導者。」然而組織也可以做出改變，確保有才華的領導人得以出人頭地。**無論是組織還是個人，都應該要三思而後行，而行動之後，反思更應該緊隨其後。**

從定義上來說，一個組織應有機地發揮作用，也就是說，組織的結構應該是根據其最終目標而定，而不是反其道而行，**而且它應該應該以社群而非階級社會的關係來運作**，並用考驗、機會和獎勵提供成員自主的權利，因為組織終究只是一種達成目標的途徑，而不是結果。

組織真正的任務是去開發和充分利用每個員工的潛能，因此應該要為員工的成長和發展做準備，並提供他們機會，這才是所有組織的真正使命，也是當今組織面臨的首要挑戰。

Chapter 10

穿越混沌，打造新未來的十種特質

在急劇變化的時代，唯有虛心學習者得以繼承未來，才有能力在變幻莫測的世界中生存下來。

——艾瑞克．賀佛爾（Eric Hoffer），

引用自《前瞻管理》（*Vanguard Management*）

我在開頭用一整章討論如何駕馭環境，現在也想要以同樣的方式來收尾。我用兩則截然不同的故事說明這個主題，主角分別是受大環境宰制的艾德，另一個則是成功駕馭環境的李爾。你可能還記得，最後拒絕提拔艾德升官的董事會，想要尋找有以下五種特質的新領導者：技術能力（艾德具備）、人際關係的技巧、概念技巧（指想像力與創造力）、決斷力與鑒賞力，以及性格。

這些都是重要的特質，我認為那間公司的董事會正在朝著正確的方向前進。但是生活在如此錯綜複雜的時代，對未來領導者的要求更多。正如前美國第一夫人阿比蓋爾．亞當斯寫給兒子的信中提到：「這是每個天才都渴望親身經歷的艱困時代……巨大的困難才能催生出偉大的特質。」

要駕馭競爭激烈的環境，領導者首先要理解當代的挑戰。美國小說家約翰．加德納說過：「領導者一定理解當代趨勢，雖然趨勢並非實質，而是存在於群眾的思想和夢想中，又或是下意識促成的。」然而理解只是第一步而已，未來的領導者是採取下一步行動的人，也就是去改變趨勢。引用美國心理學家庫爾特．勒溫的話來說：「只有透過改變，才得以真正理解。」

此時此刻，我們迫切需要領導者。美國已經失去了競爭優勢，扣除通貨膨脹，過去三十年間，美國人的收入僅增長了百分之十。雖然發明天賦依然無與倫比，但已經失去製造業的優勢與銷售新產品的能力，所開發出來的產品，委託給中國生產，並賣回美國。

教育、醫療和政府部門也有各種危機，華爾街和華盛頓有時似乎遊走在犯法邊緣，以前工業為重，現在服務業影響力最大，這個行業目前還沒有變得太糟。此外遊民日益增多，但似乎沒有人知道該如何處理，許多城市充斥著犯罪集團危害到住家，而國際恐怖分子的威脅也成為生活的一部份。

如果美國想要重獲優勢並處理好現有的各種問題，領導者們就必須要找到真正的解決之道。羅德企業（Lord Corporation）前首席執行長唐納德·艾爾斯塔特（Donald Alstadt）說：「哲學家最有影響力，而非企業家或達官顯貴，因為歷史遲早會證明思想才是根本。如果世界都奉行這個觀點，柏拉圖的共和國仍舊存在，雖然並不全然是他想像的那種形式。」**無論如何，思想應該像是領導者的強大外套，保護著領導者穿越風風雨雨，並找到願景。**

如今人們深陷混亂局勢，但領導者知道，**混亂是開始而非結束，混亂是活力和動力的源泉。**

在《當巨人學會跳舞》（*When Giants Learn to Dance: Mastering the Challenge of Strategy, Management, and Careers in the 1990*）一書中，哈佛商學院羅莎貝斯・摩斯坎特（Rosabeth Moss Kanter）教授描述了身處混亂環境中應有的態度：

- 進行戰略思考，投資未來，並保持良好的業績。
- 要有創業精神，敢於冒險，但不可孤注一擲。
- 持續把目前工作做得更好，並花時間與員工溝通、支持團隊成員以及啟動新專案。
- 了解手頭業務的所有細節，同時授權更多給其他夥伴。
- 對「願景」充滿熱誠，並致力實踐，但要靈活、有責任感，並能迅速改變方針。
- 直言不諱，帶領有方，但要能與人共處、仔細傾聽意見，展現合作態度。
- 全心投入創業活動，竭盡全力，還要保持身體健康。
- 成功、成功、再成功，並培養優秀的下一代領導者。

領導者如何學會穿越混沌，如何學會接受變動與模稜兩可的情境，並在其中茁壯成長？總歸來說，有以下十個要素。這些要素可以展現出個人與組織的特質，有助於領導者應對變化、打造未來，並建立出有學習能力的組織。

領導者駕馭夢想、容錯與實話

所有領導者都要有能力創造出令人信服、把人提升至新境界的願景，並能夠帶領團隊去實踐。我訪談的領導者當中，並不是每個人都具有我目前描述的十大特質，但他們的確都具備這個特質。彼得．杜拉克認為**領導者的首要任務就是定義使命**。麥克斯．帝普雷在《領導的藝術》一書中寫道：「領導者的首要職責是定義現實，最後一個職責則是對所有人說感謝，領導者務必全心投入去做到這兩項責任。」

駕馭夢想可分為五個部份。第一是**傳達願景**。榮格曾說：「夢想除非實現，否則無法被很多人理解，一旦被多數人理解，就成為已經發生的事實。」詹姆斯．伯克擔任執行長期間，有百分之四十的時間花在傳達嬌生的理念，如今，參加內部挑戰會議的高階主管，在會議上他們要逐條審閱嬌生創辦人的理念，看看公司需要做出哪些改變。這麼多年來有些改變是根本的，但就像美國憲法一樣，嬌生的理念本身也歷久不衰。

其他的四個部份包括**謹慎選人、實行獎勵制度、再培訓與組織再造**。

北歐航空公司（SAS）前執行長詹・卡爾森（Jan Carlzon）對這五個部份做了很好的示範。卡爾森想讓讓北歐航空成為世上僅存的五、六間國際運輸企業之一（他認為世上許多國際航空公司都會逐漸式微，而結果也的確是如此，只是他沒有預見近年有許多往返歐洲的小型廉航）。為了實現這樣的願景，他設定了兩個目標，首先是讓北歐航空在各方面做得比競爭對手好百分之一；再來是在利基市場中另闢蹊徑，卡爾森把目標鎖定在商務旅客，因為他相信這是最有利潤的市場之一，利潤遠高於學生、旅行社或其他類型的旅客。為了吸引商務旅客，卡爾森希望這些旅客與北歐航空員工的每一次互動都很愉快，要有意義及實際效果，而且服務人員要付出問候與關心。他預估公司員工與現有或潛在旅客之間，每天互動會高達六萬三千次，而他把這些互動稱為「關鍵時刻」（Moments of Truth）。

卡爾森還編纂了一本神奇的漫畫書，就取名叫《小紅書》（*The Little Red Book*），藉此向員工傳達公司的新願景。他還在哥本哈根創建了一所企業大學來培訓員工。此外他打破了企業體系的金字塔結構，變成一組又一組的圓圈，彷彿一個星系。事實上卡爾森出版了一本書，英文書名雖然取為《關鍵時刻》（*Moments of Truth*），但如果從瑞典原文直譯過來的話，應該是《打破金字塔》（*Destroying the Pyramids*）。

在一連串的圓圈中，其中一個就是哥本哈根至紐約的航線團隊。所有的機師、導航員、工程師、空服人員、行李搬運人員和訂位組，每一位與這條航線有關的員工，共同組成了一個自我管理、獨立自主的工作團隊，因此他們有自己的損益分配計畫，所有人都參與在航線的營運中。整間公司就是由這些平等的小團隊組成的。

前奇異公司執行長傑克・韋奇說：「以前的人當老闆，只是因為他比員工更專業，**但現在的人若要成為領導者，就要懂得運用願景、共同價值觀及目標。**」詩人葉慈說：「責任來自夢想。」願景是一個清醒夢，領導者的責任就是將願景轉化為現實，在這個過程中，領導者會改變他們身處的領域，無論是電影業、電腦業、新聞出版業，或是美國本身。

他們當中有人像芭芭拉・柯迪一樣，不怕犯錯、且敢於承認犯錯；還有像詹姆斯．伯克一樣，在公司創造出鼓勵冒險的氛圍；有人像薛尼．波勒一樣，告訴團隊同仁唯一的錯誤就是什麼都不做；還有像鋼索藝術家卡爾．瓦倫達在職業巔峰時期，行走於高空鋼絲上，完全不害怕墜落。正如前加州大學洛杉磯分校籃球教練約翰．伍登（John Wooden）所言：「失敗不是犯錯，胸無大志才是罪過。」

應用數學家諾伯特．維納（Norbert Wiener）曾告訴我：「直到聽到別人的回應，我才會明白自己說了些什麼。」領導者都知道，有一個不厭其煩且勇敢無畏的人對他們說真話，這非常重要。在做訪談的期間，我有一項很有趣的發現，幾乎所有執行長，目前的婚姻伴侶都還是他們的原配，我認為這可能是因為他們的配偶都是自己能夠完全信任的人。配偶的建議會促進他們反思，讓這些領導者去學習並更加了解自己。

鼓勵不同意見

不同的意見可以促成組織反思，領導者需要周圍的人持有不同的觀點，需要他們唱反調，充當「分歧監測器」，藉此讓他們明白期望與現實之間的落差。

事實上領導者大致分成兩種，一種喜歡雇用與自己觀點相似，或附從自己願望的員工，這些員工就像複製人一樣；另一種會雇用能與自己互補的人，面對公司和社會，他們可能跟領導人的觀點不同。

約翰・史考利就是一位夢想家，他聘請了真正的領導者來擔綱他的首席營運長。但是即便有這些與自己互補的人在身邊，讓他們敢於大聲地發表不同意見也並非易事。電影製片塞繆爾・戈德溫（Samuel Goldwyn）在連續六次票房失利之後，曾召集助手並對他們說：「就算你們可能因此丟掉飯碗，我也希望你們可以對我說真話，我和米高梅電影公司到底出了什麼問題？」

領導者周圍的人往往對於直言不諱的風險有所警惕。四十多年前，蘇聯政治家尼基塔・赫魯雪夫（Nikita Khrushchev）訪問美國時，在華盛頓新聞所（Washington Press Club）舉辦了一場記者會。記者會上透過口譯員提出的第一個問題是：「今天，你談到了前任領導人史達林的暴政，但在那段期間，你曾是他最親近的左右手與同事，當時你都在做什麼？」赫魯雪夫立刻面紅耳赤的大吼：「誰問的？」。台下五百個人都低下頭來，「誰問的？」他還在繼續大吼，會場仍然一片沉默。然後他說：「提出這種問題，就是我當時在做的事。」

然而至今多數企業的悲劇之一，就是即使人們其實知道怎麼做才是正確的，

還是會默許領導者做些錯誤的事。

為了遏止這種趨勢，領導者必須要像赫曼米勒家具公司執行長麥克斯・帝普雷那樣，他總是充分聽取別人意見；或像芭芭拉・柯迪一樣與員工們打成一片，藉此鼓勵不同的觀點，當她與員工們坐在辦公室時，除非你事先就知道真相，否則可能分辨不出她其實是上司。

韋恩・莫蘭（D. Verne Morland）認為，執行長必須親自挑出一個人來擔任意見領袖。他在〈李爾王的弄臣：克服未來的巨大變化〉（*Lear's Fool: Coping with Change Beyond Future Shock*）這篇文章中指出了身邊幕僚的職責：「闡明真理時，以閃爍模糊的言詞代替理性明確的表述，預見巨大變化的來臨，並了解其重大意義；以詼諧的謎語挑戰神聖並受博學之士驗證過的事實。」

每位領導者都和李爾王一樣，身邊至少需要一個像這樣的人。

樂觀心態與激發潛能

我為《領導新論》一書採訪的一位高管確信，如果他是一位科學家，一定能獲得諾貝爾獎，因為他覺得他可以做任何事情。他把這種樂觀態度傳播給周圍的人。

雷根總統是這種無限樂觀精神的代表，他的民意調查員理查・維斯林（Richard Wirthlin）講述了一個故事：「雷根得知他的支持率由年前被暗殺的歷史新高，跌到歷史新低時發生的事。通常維斯林不會單獨進去見總統，但這一次沒有人願意和他一起進去，雷根看了一眼孤獨的沃斯林就說，『把壞消息告訴我吧。』維斯林只好全盤托出，還補充說，歷史上從來沒有人像他一樣，上任第二年民調就變得那麼低。」

沒想到雷根聽完之後，竟然回答：「理查，看在老天的份上，不要那麼著急，我會努力再讓人暗殺一次。」

樂觀和希望能帶來更多機會，希望的相反是失望，而我們失望時往往是因為覺得沒有機會。卡特總統就是沉浸在自己的喪氣話中，他自認講的是實話，但人民只覺得他讓人感到失望，看不到機會。領導者的觀點是會傳播開的，卡特令人失望，而雷根就算有許多缺點，依然帶給人民希望。

另一個有這種樂觀精神的人就是喜劇演員喬治・伯恩斯（George Burns），他快一百歲時說：「我不能死啊，因為我的檔期很滿。」

有句古老的諺語說：「你雖不能阻止憂心忡忡的鳥兒在你頭頂盤旋，但可以制止牠們在你的頭髮裡築巢。」

在蕭伯納的劇作《賣花女》（*Pygmalion*，亦稱畢馬龍）中，賣花女杜立德決定嫁給了希爾，因為她知道，在希金斯教授眼中，她就只是個俗不可耐的賣花姑娘，教授永遠不可能接受她的改變。正像她對希爾說的：「淑女與賣花女的差別其實根本不在於她的舉止，而是在於旁人對待她的方式。在教授眼中我只能是個賣花女，因為他一直認定我就是賣花的俗人；但我知道，和你在一起我能成為一位淑女，因為你總是把我當成淑女看待。」

企業家史特林．李文斯登（J. Sterling Livingston）將「畢馬龍效應」（Pygmalion Effect）應用於管理上：

- 主管對員工的期望和態度，很大程度上決定了員工的表現和職涯發展。
- 優秀主管的獨有特徵，就是有能力對員工提出可達成的績效期望值。
- 相反地，拙劣的主管無法提出這樣的期許，導致員工無法充分發揮潛力。
- 員工似乎往往能夠達到上司對他們的合理期望。

領導者都希望團隊成員能大幅發揮他們的潛力，也知道部屬一定會改變和成長。如果你對他們有遠大的期望，他們就會讓你看到成果。美國教師傑米・艾斯卡蘭特（Jaime Escalante）深信，洛杉磯偏遠地區的高中生也能學會微積分，而他們也確實學會了。

同時領導者對期望的態度是務實的，面對專案他們會去拓展，而不是推至緊繃狀態。假設你是個奧運選手，就會知道應該要如此，畢竟如果你在比賽中拉傷肌肉，明天比賽就只能坐板凳了。

幸運超市前執行長唐・瑞奇說道：「主管真正的職責之一，就是為團隊確立標準和期望。這是一個重大的責任，要是擬定了過低的期望，無論對企業還是個人都是一種浪費；但如果你把期望定得太高以致無法達成，你就會危害了個人和企業。但這並不表示公司永遠都應該要達到目標，但如果你讓員工一直失敗，那就是惡意且有害的……我覺得最理想的情況是，讓員工能自我拓展，但不要讓他遭受太多次失敗。」

「預感」能力和長遠眼光

韋恩．格雷茨基（Wayne Gretzky）是一位優秀的冰上曲棍球選手，他曾說：**「比起看到球目前的位置，知道它等一下會出現在哪裡更加重要。」**領導者對於組織文化如何延伸、組織發展到何種程度，必須具有那樣的預感。就算他們一開始沒有那種感覺，之後也會獲得。

美國政治記者伊莉莎白．德魯（Elizabeth Drew）曾描述了政治領域中的類似現象，她提到一九八八年的總統大選：「許多人都覺得奇怪，為什麼杜卡基斯（Michael Dukakis）不趕快調整方向，反而讓布希有機會大肆質疑他的愛國精神。這就是因為杜卡基斯缺乏預感能力，他明明在政壇很長一段時間，但奇怪的是他顯得非常缺乏政治直覺、缺乏本能，也缺乏知道什麼時候該做什麼事的能力，更缺乏預感。要當總統一定要具備直覺，但我們也不還清楚另一個候選人是否具備這樣的直覺。」

領導者很有耐心。企業家阿曼德．哈默（Armand Hammer）在八十九歲時說，他提前十年制訂了長期計畫，因為他想親眼看到這些計畫實現；而芭芭拉．柯迪四十歲時，知道自己還有時間找個新的工作，甚至開啟新的職涯；日本人的耐性也超乎想像，據我所知有一間日本公司制定了一個兩百五十年的發展計畫。

即使是極為短視的華爾街，也偶爾會擁有長遠的眼光。一九八〇年代後期，由於預見歐盟將於一九九二年成真，時任迪士尼執行長麥可・艾斯納（Michael Eisner）派了勞勃・菲茨派翠克（Robert Fitzpatrick）前往法國，負責新的歐洲迪士尼樂園專案，而正是艾斯納的這種預感，一舉推高了迪士尼的股價。

加州聯邦銀行也同樣提早準備好開拓全球最大的單一市場，一九八〇年代，因為預見了歐盟的創立，所以先在英國開設了一間分行，後來陸續進駐布魯塞爾、巴賽隆納、巴黎和維也納。

利益的平衡

領導者知道，公司內具有利害關係的各部門之間會彼此競爭，而他們必須要平衡這些競爭關係。在《前瞻管理》一書中，作者詹姆斯・奧圖爾（Jim O'Toole）認為平衡利益相關者，就是好公司遵循的首要原則。他引用了艾科石油公司（Arco）前總裁桑頓・布拉德蕭（Thornton Bradshaw）說的一段話：「在我這裡，每一個決定都會受到以下因素影響，可能出現的大眾輿論；環保組織的反應；消費者、稅制改革人士、反核武人士、沙漠保護主義者以及其他社運群體；能源部、環保署、勞動安全與衛生管理局、州際商務委員會、聯邦貿易委員會等聯邦機構，以及州與市政當局的限制；通貨膨脹及政府反通膨計畫；工會的態度、石油輸出國組織（OPEC）。還有可能的經濟利潤、風險等級、在競爭市場中取得資金的問題、公司的生產力……如果有時間，還可以再想一下競爭關係。」

由於深刻明白平衡利益相關者的必要性，領導者對「費理斯症候群」（Dick Ferris Syndrome）非常警惕，我比較想要稱之為「摩天輪症候群」（Ferris Wheel）。

理查．費理斯（Richard Ferris）原是美國聯合航空（UAL）的總裁，他有一個華麗的願景，想把公司打造成能夠提供全方位服務的航空，不僅把旅客載到目的地，還可以安排豪華轎車在機場與下榻旅館間接送他們。為此他甚至改變公司的名稱，不再叫聯合航空，而是改為「Allegis」，這個新名稱沒什麼特別的意思，倒是很有一番風格。但是費理斯卻忘了，這場遊戲中還有其他參與者，包含機組人員和公司的董事會，他只看到組織外的精彩世界，卻忽略身邊正在發生的情勢。

機組人員們集結起來想要收購原本的航線，董事會為此大發雷霆，就像摩天輪轉了一大圈，最後費理斯被淘汰了，公司名稱又改回了聯合航空。

現實的情況、環境的複雜、利益相關者的需求與平衡的必要，領導者絕對不能迷失在萬花筒般的幻想中。

建立戰略聯盟與夥伴關係

領導者用放眼全球的目光來看待現實世界，他們知道，任何企業都不可能逃避全球化。潛力領導者都知道，與其他相關組織結盟非常重要。比如北歐航空公司就與其他航空建立夥伴關係；聯邦快遞（Federal Express）在挪威的最大競爭對手公司擁有三千多位員工，本身也是挪威最大的企業之一，但他們也與聯邦快遞建立了夥伴關係；波士頓第一銀行（First Boston）與瑞士信貸集團（Credit Suisse）結盟，共同出資成立FBCS銀行；奇異公司也與英國奇異公司合作，合資建立了一些企業，雖然兩間公司名字相同，但其實長久以來他們並不相干，奇異確實曾經考慮要收購英國的同名公司，但最後還是選擇結盟的方式。此外，也有越來越多非營利組織了解到戰略聯盟與夥伴關係的重要性。

這就是這些領導者獲得成功與打造未來的方式。那麼，潛力領導者又該怎麼做？潛力領導者應該要嘗試取得以下特質：

- 廣泛地學習。
- 淵博的知識。
- 無限的好奇心。
- 無盡的熱誠。
- 有感染力的樂觀主義。
- 信任他人和團隊合作。
- 願意承擔風險。
- 著眼於長期成長而非短期收益。
- 致力於追求卓越。
- 適應力。
- 同理心。
- 可靠。
- 誠信正直。

● 有願景。

唯有真實展現自我，才能開創全新篇章，也許還將塑造出一個全新的世界。

如果你覺得這聽來像是個不可能成真的夢想，那就請你這樣想：**展現自我比掩藏自我更加容易，而且也將獲得更大的回報。**

結語

迫切危機下所需要的領導者

六年前（二〇〇三年），我修訂《卓越領導者的修練學》之際，全世界都焦急地等著看美國是否會向伊拉克開戰。而如今我們都已經知道這悲劇性的答案，美國出兵伊拉克的時間已經超過了第二次世界大戰，這場戰爭讓四千多位美國士兵殉職，留下數千名悲痛欲絕的親人，還有上萬伊拉克百姓無辜犧牲。更讓美國耗盡一兆美元的鉅款，每一筆開銷都是向中國及其他國家借來的，是美國史上第一次在還未徵收足夠的稅款情況下就參戰。

二〇〇二年，經濟衰退導致股票暴跌了百分之四十，餘波至今仍未消退。而此時正當我寫下這些文字（二〇〇九年），美國又陷入了一場更嚴重的經濟重創，規模堪比當年的經濟大蕭條（一九二九年至一九三三年）。與過往模式相同，這一次衰退也是發生在泡沫經濟之後，在那之前眾人競相炒房，房價瘋狂飆升後立刻一落千丈，其他商品的價格也受到殃及，食物和燃料價格卻猛漲，但美國的工作機會也跟著蒸發。這些問題可不是什麼天災，而是源自於各個領域都缺乏領導者，包括政府官員以及金融業者的失職，才會引發這些災難。

危機暴露出領導失能，也顯示出這個時代迫切需要好的領導者。面對眼下的金融危機，各界立刻互相協調努力來加以應對。二〇〇八年秋天，任期將滿的小布希總統要求國會透過七千億美元的救援計畫，但計畫展開初期，卻出了一些差錯，比如時任財政部長亨利．鮑爾森（Henry Paulson）使用「緊急救助」（bailout）一詞來描述這個計畫，造成極大的爭議*。後來即便政府參與，卻依然無法阻止十月份的股市暴跌，紐約交易所股票連續一周天天下跌數百點，創下單日跌幅達到九百三十六點的紀錄，從當時的市場動盪也可預見，數百萬美國人會在財政季度結束期間收到退休福利計畫（401(k) statement），許多人都害怕收到這份文件，

＊被質疑在政府救助計畫中立場不公正，讓救助計畫有利於某些公司，尤其是其前雇主高盛集團。

原因也很簡單：裡面的條件一定很糟。美國國會預算局（Congressional Budget Office）指出，二〇〇七年七月三十一日至二〇〇八年九月三十日之間，全美共計損失了二萬億美元的退休金，許多人擔心自己永遠沒辦法退休。《紐約時報》在美國財政部發表「三大感恩節食譜」期間，刊登了羅茲．查斯（Roz Chase）的諷刺漫畫來表達美國人的心情，漫畫上搭配的文字是：

六顆美味馬鈴薯，
一顆鳳梨，
你的退休金帳戶，
將以上材料充分混合，
烘烤至帳戶完全融化即可。

過去經濟大災難通常可以控制在國境之內，但這次的危機之所以如此可怕，就是因為此刻所有人身在緊密相連的世界，全球的經濟是相互影響的。這次的危機來自於信用市場凍結，因為金融機構監管不良，造成次位債券的價值大跌，這些次位債券捆綁、混合在新的有價證券中，而雖然這種不穩固的新產品是誕生於美國，但是一出狀況，巴西、愛爾蘭、保加利亞、南非、中國和卡達的投資人也會受到牽連。

《紐約時報》刊登了一幅地圖，用紅色標示出受到影響的國家，標題則是「全球震盪」。冰島國土雖小，卻受到極其嚴重的打擊，在經濟崩塌的懸崖邊搖搖欲墜，有些人開玩笑地把整個國家放到 eBay 上出售，美國作家湯瑪斯・佛里曼也在《紐約時報》的專欄中寫道：「誰會料想到冰島有一天會變成一個有冰川的避險基金？」如今各國的經濟已不可能再獨善其身。佛里曼在他的兩本暢銷書中，極具說服力地寫著：「當今世界是平的，各大機構與其利益相互關聯，在美國愛荷華州發生的事情，會像海嘯一般影響到中國上海，隨著經濟的骨牌效應延伸到全世界，一個角落的貪婪和失誤，也會對其他地方造成麻煩。因此當中國的不法製造商在奶粉加入化工原料，首當其衝的雖然是中國新生兒的腎臟健康，但因為這些有毒奶粉原料也外銷到全世界，美國的復活節巧克力兔也同樣受到了三聚氰胺汙染，只能即刻下架。」

近幾十年有如此多的證據顯示著美國的領導力是多麼失敗，經濟無比脆弱，信心也開始動搖，不知道領導者們能否補救這些問題。二〇〇八年間，全世界大多瀰漫著一股低迷的氛圍，尤其美國更是如此，**而經濟動盪正是原因**。在二〇〇八年美國總統大選之前，許多人逐漸強烈感受到所謂的「美國世紀」很快就要畫下句點了，有可能失去世界超級大國的地位，懂得思考的人當然不會對此感到恐懼，但許多人還是會覺得，這國家最好的時光已經過去了。

這些感受是可理解的，美金兌歐元的匯率越來越低，許多美國人都不再去歐洲旅行了；以前持有美國護照幾乎是一種榮耀，現在身為美國人卻無法保證能在任何地方都受到熱情、友好的歡迎；遭到了歐洲和其他盟友的猛烈批評，其中大部份更將矛頭對準小布希的執政，隨著美國經濟的衰退影響到其他國家，批評聲浪更是不絕於耳。英國作家安德魯．哈根（Andrew O'Hagan）在《紐約時報》的社論專欄寫道：「許多倫敦人對美國的次債危機十分氣憤。」為了表達這股怨氣，哈根還引用了費茲傑羅在《大亨小傳》（*The Great Gatsby*）中的一段話：「他們把一切弄得亂七八糟，然後重新栽入他們的金錢世界，再度拾起那滿不在乎的態度，裝得若無其事一般，留下其他人替他們善後。」這原本是在描述女主角黛西與丈夫湯姆之間冰冷的關係。

美國其他方面同樣明顯衰退，「有教無類法案」（No Child Left Behind）也起不了什麼作用，美國的中學教育讓孩子們的競爭力變得更差，尤其是數學和科學；三分之一的美國學生以及一半少數族裔學生甚至高中畢不了業。再看看受到卡崔娜颶風重創的紐澳良，這裡本是最具美國特色的藝術聖地之一，是爵士樂的誕生地，卻被一場颶風和無能的政府給摧毀殆盡。就算美國遲遲還沒有開始自我質疑，其他國家也早就開始感覺到新力量的崛起，中國爆發出如此強大的全球影響力，沒有其他國家能出其右，每隔幾個星期上海就會竄出一棟新的摩天高樓；甚至近期，中國的網路使用者人數已經超越美國，中國總計有兩億五千三百萬使用者，而美國只有兩億兩千萬，重點當然不是使用人數有多少，而是中國正在大規模擁抱代表這個時代的新科技。而在某種意義上，二〇〇八年盛大的北京奧運更象徵著美國優勢衰退，這是電視史上最受關注的事件，吸引了全球四十七億的觀眾收看。

唯一的信條原則

每隔十年左右，我都會發現自己寫下：「我們比以往任何時候都更需要領導者。」尤其看到小布希政府執政的最後幾個月中，這個國家還一直無法擺脫混亂。許多人也有相同的感受，二〇〇七年一項領導者信任度的調查顯示，百分之七十七的受訪者認為美國陷入了領導危機，而百分之七十九的人更認為，如果找不到更好的領導者，美國就會衰敗，而二〇〇八年大選之前的調查結果更是糟糕。這項調查由哈佛大學甘迺迪政府學院（John F. Kennedy School of Government）的公共領導中心，與《美國新聞與世界報導》（*U.S. News & World Report*）共同執行。

人民悲觀的結論主要是來自小布希總統治理無方，國會也同樣不得民心。他在二〇〇一年九一一恐攻之後對國會的致辭，這場演講鼓舞了人們的信心，認為他能在這艱難的時期帶領美國，而這也是他執政的巔峰時期。可惜的是在他兩個任期之內一次又一次地失敗，先是以備受爭議的立場出兵伊拉克，也沒有為出兵後的事務做好規劃，這些就已經夠糟。其他失誤則例如，無法應變卡崔娜颶風的重創、損害美國在全球面前的道德形象、對美國公民權利的破壞，以及經濟衰退……這份清單非常冗長。由於執政透明度低，人民根本不清楚這些失敗的原因，甚至根本不知道究竟是哪些事情失敗，導致很難改善未來的執政。

小布希可說是危險領導者的代表，個人能力不佳，個性又冥頑不靈，偏偏手握大權。一個簡單的證據就可以說明他的權力擴張到何種地步。在執政期間，他動用總統否決權，刪改了新立法案中的一千一百多個條文，他認為這些條文應被視為無效，因為它們違反憲法，限制了總統的權力。試問歷史上有多少個美國總統會用這種方式來刪除國家的法律？真的很少見。《紐約時報》指出，歷來所有美國總統曾經刪除的條文，全部加起來也只有六百條。

對於小布希政府執政權力過度擴張，眾人也把矛頭指向了他的副手迪克．錢尼。英國哲學家培根曾說：「真理是時間的女兒。」我們確實需要再等一段時間，才會知道錢尼在布希執政中扮演的角色，但是看起來，他已經悄悄地把自己從一個無關緊要的角色，努力變成了一個掌握實權的副總統。根據美國憲法，副總統應該只有兩個職責，其一是主持參議院，並在投票平手時貢獻一票；其二是如果總統意外身亡、喪失能力、受到彈劾或犯罪時，要繼任成為總統。富蘭克林則把副總統這個職務溫和地形容為「多餘的殿下」，而曾擔任副總統的約翰．亞當斯對這個職位，則有更為犀利的描述：「我什麼都不用做，但我也有可能什麼都得做。」

亞當斯的這番話確實有歷史資料佐證。二十世紀，有三分之一的美國總統意外喪命或喪失執政能力，也有總統像尼克森那樣，因遭到彈劾而下台；除了伍德羅．威爾遜（Woodrow Wilson）在重病之後依然繼續擔任總統，其他人都由副手繼任，不過威爾遜病情的嚴重程度並未公諸於世。然而錢尼卻在總統層級未發生變化的情況下，更新了自己的職務內容，就像《綠野仙蹤》（*Wizard of Oz*）裡的魔法師一樣，他雖不在公眾視野之內，卻毫無休止地影響著國家的重大決策，比如以石油為中心的能源政策、與伊拉克交戰，並採納一些具有爭議的政策，像是「坐水凳」等強化審問技術。許多評論家認為，是錢尼造成布希政府的執政透明度低落，雖然這也並不能抵銷總統本身對此的責任。

正如前述，要了解小布希政府的真相還需要幾年的時間，現在的報章雜誌多半不敢說真話，因此相關調查報告也很少，但總是有一些衡量他們執政透明度的管道。二〇〇七年，作家格雷姆．伍德（Graeme Wood）在《大西洋》（*Atlantic*）雜誌上發表了一篇重要文章，他比較了柯林頓和小布希執政期間的政府公開資訊有什麼差異。伍德指出，柯林頓的基本方式是：「如果有人提出質疑，就把資訊都公開給所有人去看」；但布希的方式正好相反：「如果有疑問，就把資訊歸檔。」由於這種管理哲學的根本差異，二〇〇六年小布希政府歸檔了二千零六十萬份文件，是柯林頓執政時期的六倍。我相信不透明管理就像是動脈硬化一樣，會阻礙資訊自由流動，唯有資訊流通才能作出明智的決策並讓組織保持健康，反之則會生病最終走向失敗。

一位白宮內部工作人員說：「小布希重視忠誠高於坦誠。」領導很少有什麼絕對的原則，但至少有一條，那就是唯有擁抱坦承，才有機會成為真正偉大的領導者。**坦誠在組織中會發揮無價的作用，能使領導者避免陷入孤立，被一群只會說「是」的人包圍；能迫使領導者傾聽逆耳的忠言，得以掌握作出好決策的必要資訊。**人們有時會崇尚靠敏銳直覺果斷行動的領導者，有時候直覺反應確實也可以很明智、很有效，因為決策者吸收了大量且看似無關的見解和資訊，但多數時候直覺只是根據很少的資訊所做的武斷選擇。眾人都知道布希對自己的直覺很有自信，但我猜這會為直覺型的領導者帶來不好的名聲，至少在一段時間內會是如此，但相對來說，我也認為這是有助益的。

務必記得領導者與部屬必須互相誠實以對。領導者有時候會不願意把重要的資訊分享給其他高階主管，或把這些資訊當作是來自上層的恩惠，彷彿搭上公司專屬的直升機一樣。資訊應盡可能分享，有些貿易資訊和國家機密固然還是需要保守，但也有許多重要資訊並不敏感，分享後能幫助其他人做出明智的決策，並根據這些決策採取行動。充分獲得資訊的人也會離組織的核心更近一步，藉此提振團隊成員的士氣，績效也就得以受到改善；而相反的，缺乏坦誠會降低士氣，最糟糕的情況則是，所有人得到的都是錯誤的訊息。在我的經驗中，當追隨者發現領導者欺騙他們，絕對不會再和以往一樣忠誠，組織反而自己製造出敵人。

史考特．麥克雷蘭（Scott McClellan）就是一個很好的例子，他是小布希的白宮發言人，原本是忠誠又熱誠的支持者，但後來發生白宮官員涉嫌違法洩密中情局探員薇樂莉．普萊姆（Valerie Plame）身分一案，而麥克雷蘭發現他的上司對此說謊。更嚴重的是小布希後來才承認，自己的確曾經同意洩漏一些特定的機密資訊，而在他坦承之前，麥克雷蘭還曾經對外保證總統沒有這麼做。

二〇〇八年，麥克雷蘭出版了備受爭議的著作《真相：布希的白宮與華府的欺瞞文化內幕》（*What Happened: Inside the Bush White House and Washington's Culture of Deception*），之前的共和黨同事覺得他已經喪失理智，然而這位前白宮發言人之所以如此，其實就是因為被曾經信任和崇拜的人所背叛。麥克雷蘭最後成為一位誠實的領導者，積極投入自己的新信念，不僅大力推崇誠實與透明管理，也在書中提出：「白宮需要設立一個新職位，一位負責坦誠的副參謀長，他的工作應該是『確保總統的開明與直率，努力超越黨派之爭，達成全國團結一致』。」在麥克雷蘭的規劃中，新的副參謀長應該有三位助手，其中一位助手唯一的任務，就是推動與保護執政透明度，職責包含確保資訊依照符合國家利益的原則分類，而非僅是「保護官員，避免尷尬或麻煩的政治醜聞」。

未來探討小布希政權為何失格的著作勢必很多，不過，**現在最重要的是從負面範例中學習，從中萃取出不該如何領導的知識**。我認為，小布希最大失敗就是過度陷入某種意識形態，他應該採取的是有原則的務實主義。比如在對國際事務的決策中，他狂熱地相信民主就是世人所期待與渴望的，並且最終一定會獲得勝利，但其實這種意識形態並不適用於中東目前的情況。

伊拉克的選舉導致什葉派政府與曾經得勢的遜尼派及其盟友爭鬥不休；加薩的選舉也讓哈馬斯（Hamas）變得更加強大，哈馬斯是反西方的恐怖主義組織，而他們的目標就是要覆滅以色列，因為以色列是美國在中東最堅定的盟友。此外小布希執政時期，由於政府官員根本不在乎國家機關的運作制度，各項事務開始私有化且未經有效監管，因而不斷腐蝕著整個政府，這導致伊拉克戰爭的相關戰備大規模外包、未能充分監督財政部門與其他產業，聯邦醫療保險以及政府專案不透明及半私有化，也讓政官員間的黨派鬥爭極為明顯，更大幅傷害了司法部與其他本應無黨派立場的部門，這些部門曾十分輝煌，努力實踐優良的管理制度。甚至小布希個人的言行舉止也不像總統，比較像是共和黨的保護傘，讓本就分化嚴重的國家更為對立，這些負面作為的後果影響甚鉅。

以意識形態為導向的方法鮮少能解決複雜的問題。好的領導者不應該試圖把問題歸咎於意識形態之爭，無論是左派還是右派；一流的領導者也知道，每個問題自有其棘手之處，但他們會擁抱困難，以互助合作的方式來找到適合實際情況的解決管道。

真相與謊言的混搭

簡而言之，在引言（編按，指二〇〇三年再版引言）與這一版的結語中，世界的脈絡已經發生了極大的變化。長久的戰爭、經濟的陣痛與國家對立也為我們帶來了極大的考驗。在這樣新的背景之下，眾人如此引頸期盼二〇〇八年美國總統大選的結果，也就不足為奇了，網路媒體大量發表有關選舉的消息，國人沉迷於閱讀政治文章，甚至無心工作也無心交際應酬，候選人紛紛登場，出現在網路與電視媒體中，所有人都把目光聚焦在他們身上。

競選活動可說是過去十年文化變革的重要縮影。其中一項重大進步就是在科技的推動下，新興媒體的出現改變了美國社會，包含競選流程。線上媒體崛起，比如《哈芬登郵報》的影響力就已經堪比《紐約時報》、《華爾街日報》等傳統媒體；收視表現上有線電視險勝網路電視，也許是有線電視的政治渲染力更強。而就如同其他事件的發展速度，競選活動的腳步也越來越快，候選人在節目上一講就是好幾個小時，之後才會播出各種讓人眼花撩亂的廣告。

而由於有了Google，民眾也能在網路上找到候選人過去的演講。**從某種意義上來說，網路世界並沒有「過去」的概念，任何被攝影機捕捉到的事件都可以永久儲存和重播**，並在一瞬間散播到全世界，更不用說幾乎所有手機都配有攝影鏡頭，也就是說候選人的競選活動等於同步發生在現場及線上。在線上競選活動中，真相與謊言以不可預測的方式混合在一起，脫口秀主持人史蒂芬·荷伯提出的「感實性」（Truthiness）一詞，就是這項新現實的完美反映；相較於實質的競選活動，候選人不需要控管活動在網路上發酵的狀態，只需要加以影響即可。但無論不管線上輿論著眼於事實、沉浸在偏見之中，又或者演變得更糟糕，都會大幅左右選民的態度，並對選舉結果產生真實且難以預料的影響。

所有關注二〇〇八年總統大選的民眾都提心吊膽，普遍認為這是一場重大賭注。現任總統與副總統已經無法再參選，一切都是新的可能，選舉於二〇〇七年初開跑，也出現了幾位讓人跌破眼鏡的民主黨提名候選人。紐約參議員暨前第一夫人希拉蕊·柯林頓（Hillary Rodham Clinton）是首位獲得民主黨總統參選提名的女性，她很快就證明自己是一個強大的競爭者，而她與另一位參選人展開競爭，也就是來自伊利諾州的參議員歐巴馬。脫口秀主持人歐普拉（Oprah Winfrey）是第一個力挺歐巴馬的人，她播放歐巴馬二〇〇四年在民主黨政黨大會的演講，他極有先見之明地反對伊拉克戰爭，與其他民主黨政治人物很不同。

歐巴馬的參選掀起了一股旋風，支持者多到能塞滿洋基體育場，許多人甚至是第一次參與投票，當他到聖路易斯發表講說時，吸引了一百萬名聽眾。歐巴馬永遠是做好準備的模樣，從容不迫，並獲得了泰德·甘迺迪夫婦（Ted and Caroline Kennedy）和後來的國務卿柯林·鮑爾（Colin Powell）認可。在首位天主教總統候選人艾爾·史密斯（Al Smith）的募款晚宴上，歐巴馬開玩笑地說：「跟你聽到的謠言相反，我可不是出生在馬槽裡。」在許多方面他都體現了美國超越種族的信念，美國人們評斷候選人「不是因為他們的膚色，而是因為他們自身的特質」，但是在這場募款晚宴上，歐巴馬略略提到自己是史瓦希利人（Swahili）還有他的阿拉伯名字，這是以往總統候選人從未做過的事。「我的中間名是侯賽因*，」他說，「幫我取這個名字的人很顯然完全不認為我會跑來選總統。」

在一系列激烈的辯論後，二〇〇八年希拉蕊在初選中贏得了史無前例的一千八百萬票，但最後卻在提名上輸給了歐巴馬。雖然希拉蕊在多場民主黨辯論中脫穎而出，尤其是在她精通的話題上，但是歐巴馬選擇了同樣獲得提名的德拉瓦州參議員喬・拜登（Joseph Biden）作為他的搭檔。

民主黨總統提名的競爭有時即具爭議，但他們似乎是鼓勵結盟的；而與之相反，共和黨競選則像廣告一樣無趣。共和黨的候選人全都是資深白人男性，包含九一一時的紐約市長朱利亞尼，以及前麻州州長米特・羅姆尼（Mitt Romney）。他們的基本策略就是要與小布希總統切割，甚至絕口不提他的名字。最後越戰英雄暨亞利桑那州參議員約翰・麥凱恩（John McCain）成為了共和黨總統候選人，

*是阿拉伯語的常用人名。

雖然他一開始完全不被看好，麥凱恩自稱是一個抱持不同觀點的人，但他還有許多巨大的障礙要克服，像是他在頑固的保守派中一點也不受歡迎，還有如果選上，他將以七十二歲的高齡，成為有史以來最老的總統。

就在二〇〇八年八月的最後幾天，當麥凱恩宣佈他的副手並非無黨派的喬・李伯曼（Joe Lieberman）或其他相對溫和的人選，共和黨突然引人注目了起來，有些人開始認為麥凱恩可能還是有點優勢，他選擇了四十歲的莎拉・裴琳（Sarah Palin）這位年輕的阿拉斯加州長，除了在黨內她幾乎沒有知名度。裴琳是小城市的前市長、選美皇后，她熱愛曲棍球，有五個小孩，其中一個孩子還患有唐氏症。裴琳用一場充滿魅力的演說，把自己介紹給了全國人民，吸引了大量原本在電視前守候歐巴馬演講的觀眾。而在這場演講中，裴琳這首位共和黨女性候選人也創造了自己的歷史，她試圖吸引希拉蕊的許多女性支持者，並承諾會著手突破希拉蕊過去遇到的瓶頸。她是一位反對墮胎者，認為就算是因強姦或亂倫而懷孕也同樣不能墮胎，她還認為創世論（creationism）就像演化論應該一起列入學校教材。曾為小布希輔選的福音教派原本對麥凱恩沒有興趣，但裴琳強烈呼籲他們站出來。

剛開始，媒體猛烈抨擊裴琳，他們也攻擊過歐巴馬。後來卻像藝人和搖滾明星一樣備受追捧——這兩個詞是共和黨之前用來貶低歐巴馬的。裴琳證明了自己是個有天賦的候選人，說起話來犀利中肯又帶有草根性，經常說起「張三李四」，顯然是想拉攏喜歡小布希的群眾，畢竟比起艾爾・高爾或者約翰・凱瑞（John Kerry），這些張三李四們更願意跟小布希喝一杯。裴琳平易近人、臉上掛著笑容、雙眼有神，成為了共和黨的完美代表，她經常毫不遲疑地煽動保守群眾，指責歐巴馬「與恐怖分子往來」。她在剛開始確實有一些魅力，但接著卻也墜落得很快，當麥凱恩提出的歐巴馬缺乏執政經驗，同時也讓裴琳的弱點暴露無疑，在我看來，這在整個競選過程中是一個非常失敗的論點。**歷史不斷證明，在好的領導者身上，良好的判斷力遠勝於經驗。**

這四位候選人的經歷簡直可以拍成一部紀錄片，就像美國文化中常見的手法，就連牙膏都可以用「故事」來行銷，競選也成了一場說故事大賽。麥凱恩的競選口號是「國家第一」，體現了身為前海軍飛行員的勇氣、愛國與犧牲，他曾經參加越戰，更曾被捉拿為戰犯，在恐怖的河內監獄中飽受折磨。他贏得了獨立人士的聲望，在移民和減少富人稅收等議題上也發表了不同於黨派的意見（但沒多久後他又撤銷了自己的觀點）。

而出生於一九六一年的歐巴馬，則有一個充滿異國情調又屬於當代的故事，彰顯出他與地球村的連結。他的父親是肯亞人，母親則是堪薩斯州白人，她艱辛的在夏威夷和印尼撫養歐巴馬。小時候父親拋棄了他們，歐巴馬主要靠救濟長大。後來，歐巴馬成為了《哈佛法律評論》（*Harvard Law Review*）的主編，而哈佛大學畢業之後，他並沒有選擇加入一間四星級的法律事務所，而是以芝加哥社區活動組織者的身分，展開了公共事務職涯，歐巴馬自認和當代美國人不一樣，他全心投入實踐改革中。

而就如同麥凱恩和歐巴馬，拜登也經歷過許多變遷，嚴酷的考驗塑造了他的性格和領導風格。一九七二年，拜登年僅二十九歲就當選聯邦參議員（史上第二年輕），他在華盛頓正準備搬入新辦公室時，一通電話打來，告知他的妻子和女兒在德拉瓦州的一場車禍中喪生，兩個兒子也傷勢嚴重，正命懸一線。後來兩個兒子都順利康復了，而拜登在他們的床邊宣誓就職，自此成為了極受歡迎的參議員和單親爸爸。拜登也是一位外交政策專家，曾經反對任命保守派法官羅伯特・博克（Robert Bork）擔任最高法院法官，除此之外，他廣為人知的還有經常言語失態，以及每天晚上都會搭火車回德拉瓦州與家人團聚。

也許是因為民眾一開始最不熟悉裴琳，後來她的故事獲得了最廣泛的傳播。她的照片不斷出現在報章雜誌的封面，旁邊標題把她寫成了西部女神槍手與神力女超人的綜合體，既會獵殺麋鹿，又會換尿布，還能執掌國家大事。共和黨之所以選擇她，是為了扭轉歷史並吸引女性選民，雖然批評者罵她是「戴著鹿角的芭比娃娃」。共和黨將她塑造成一個和麥凱恩一樣具有主見的人，無所畏懼地在阿拉斯加建立凝聚力。記者傑佛瑞・巴斯洛特（Joffrey Barthelot）和卡倫・佈雷斯勞（Karen Breslau）在《新聞週刊》（*Newsweek*）評論到：「裴琳的個人生涯就像偉大的美國神話之一，她是吃苦耐勞的拓荒女性，虔誠而堅定地克服不平等，她的故事可以拍成一部得獎片，或者一部女生會愛看的電影；然而在具有政治色彩的傳記或好萊塢電影裡，她堅強、犀利的一面還是會被抹去，批評的人認為她膚淺、投機，甚至墮落。」不久之後，阿拉斯加立法機關針對裴琳是否非法解雇一位聯邦官員展開調查，十月調查機構宣佈，州長裴琳確實違反了州道德法律並濫用職權，但是她也的確有權任命新官員。

事實上選舉中還有另外一種文化現象，那就是把娛樂和新聞結合在一起，變成了「資訊娛樂節目」。投票時，年輕選民說他們的資訊來源是《喬恩・史都華每日秀》（*The Daily Show with Jon Stewart*）或者《荷伯報告》（*The Colbert Report*），但對收看傳統媒體的觀眾來說，這些只是喜劇表演，而不是新聞。麥凱恩在《大衛・萊特曼深夜秀》（*Late Night with David Letterman*）中宣佈參選意圖，後來還在節目中上演一段求原諒的戲碼，因為他之前臨時取消上台。傳統菁英電視台本來只是定期報導著《視野》（*The View*）雜誌的女性支持哪些候選人，但後來作家兼演員蒂娜・菲（Tina Fey）開始在《週六夜現場》（*Saturday Night Live*）扮演裴琳時，整場選舉已經演變得越來越超現實了。菲戴著眼鏡，說著裴琳說過的話，還精湛的模仿了她的口音、偏鄉地區的特殊習慣，以及怪異的文法，不久後裴琳也親自出現在節目中，看著菲在台上扮演她。

就像裴琳很擅長上電視，歐巴馬也天生具有非凡的魅力，這是一種個人的魔力，能夠吸引和影響群眾。明星也需要這種能力，才能駕馭舞台或螢幕。政治同樣是一種表演藝術，演員奧森・威爾斯（Orson Welles）第一次見到小羅斯福總統時就明白了。小羅斯福親切地對這位傳奇演員兼導演說：「威爾斯先生，您是美國最偉大的演員。」威爾斯回答：「哦，總統先生，您才是啊。」而當候選人面對潛在支持者時，也必須擁有足夠強大的修辭及表演能力，才有辦法超越電視和其他媒體對他們的抹黑。他們必須善於表現，藉此說服群眾，和他們分享共同的夢想和利益。這樣的領導者能將一群人變成一個共同體，當然也可能變成一群暴民。魅力是可貴的天賦，小羅斯福擁有，甘迺迪有，雷根有，柯林頓也有。但悲哀的是，希特勒也擁有。因此無論我們喜歡與否，魅力都是政治的一部份。

尤其是電視機出現之後，外貌更是成了魅力的一部份，雖然有爭議，但這一點已經被證明了無數次。一九六〇年，幾乎所有透過收音機聆聽尼克森和甘迺迪辯論的人都認為尼克森會贏，但近距離觀看辯論的人，就知道勝利屬於甘迺迪，因為尼克森皺著眉頭蓄著八字鬍，不時擦拭頭上的汗水，然而甘迺迪就像個運動員一樣，擁有健康的膚色和燦爛的微笑。

氣質比身材更重要，並會因為對方的行為和群眾的感受而受到強化，而且通常是人們選擇的領導者的一項因素。有些強大的領導者就不會受到外貌影響，比如林肯會幽默地自嘲他的奇特長相，他的對手曾經說他像有「兩張臉」，而他回答：「如果我真的有兩張臉，我何必讓你們看到我這種長相？」但是外表對選民來說真的很重要，一位講話刻薄苛但中肯的觀察者曾經指出，尼克森的臉看起來像一隻腳，他辯論後的支持度像一場災難，這會是原因嗎？很可能是；當然裴琳美麗的外表也是她的優勢之一，作為印第安那州的共和黨代表，她的競選 T 恤上寫著——山地辣妹；同樣地歐巴馬那運動員般的魅力和微笑，也比他的哈佛法律學位或稅收政策吸引到更多支持。

美國還有鮮明的八卦文化，這已經不是什麼秘密，而這通常意味著在公共事務中，重要的議題反而被怠慢了。裴琳初登臺後的幾個星期，就算支持者極力想幫忙壓制消息，美國人還是聽說了她十七歲的女兒未婚懷孕，還有她在州長官邸安裝了日光浴床的事，這對整個日光浴行業都帶重大的打擊；接著來到了八卦雜誌爭相報導候選人小道消息的階段，選舉焦點越來越模糊，《人物》（*People*）雜誌爆料，裴琳必須靠念稿才能表現得比較好，所以麥凱恩的團隊不讓她登上傳統媒體；有線電視新聞之間的口水節目也淨是討論一些無關緊要的問題，比如比起總統候選人，麥凱恩是否更像裴琳的配角。

然而當大型投資銀行雷曼兄弟同年宣佈他們即將尋求破產保護時，一切都變了：道瓊指數暴跌，人們開始瘋狂提領現金。選情也突然以雷射光線般的強度，聚焦在遭受重創的經濟及其對選民的傷害議題上。

候選人和幕僚精心打造的那些故事，原本要用來引發選民共鳴，現在都被丟到一旁了。在這種真正有份量的事件上，群眾才能夠比較出候選人的實力，嘉年華般的總統大選過程，此刻被推向了下一階段，也與真正重要的問題連上線了：**「我們選出來的總統，將會如何帶領群眾，又會如何塑造當今和下一代的生活。」**偏偏當議題好不容易聚焦到經濟問題上，焦點很快又被模糊。在三輪總統辯論的最後，麥凱恩反復提到水管工喬（Joe the Plumber），作為奧巴馬稅收計畫下會受苦的那種人的例子，當辯論都還沒結束，網路上就開始大肆討論這位水管工。

到了最後幾周，整場大選真的變得無比醜陋。裴琳在造勢活動上繼續指責歐巴馬與恐怖組織有關，並把矛頭指向俗稱「氣象員」（Weathermen）的暴力組織領袖比爾．艾爾斯（Bill Ayers），有些受到煽動的群眾甚至開始呼喊「殺了他」的口號。後來民權運動領袖約翰．路易斯（John Lewis）指責麥凱恩放任危險的暴力意識在他的造勢活動中滋長，麥凱恩大為震怒，卻依然不斷暗諷、毀謗和抹黑歐巴馬。共和黨的語音拜票電話警告群眾遠離歐巴馬，說他與恐怖組織有牽連、涉嫌詐欺選民，還有重新分配國家財富的邪惡計畫。直到柯林．鮑爾表態支持歐巴馬之後，有些人以種族團結的名義予以反對，種族問題在整場大選中很少被正面提及，但總是有擦邊球。民主黨人士擔心活躍的線上競選活動可能會產生影響，網路上繪聲繪影地描述歐巴馬是一位與蓋達組織有聯繫的穆斯林，支持者因而非常擔心歐巴馬會因為政治立場和種族身分而遭到偏激人士暗殺，就連美國政府也是如此，他們還指派了探員保護歐巴馬。

到十月中旬，連愛爾蘭書店都開始開賭局，認為歐巴馬會贏得大選。雖然歐巴馬的民調領先麥凱恩，但支持者還是憂心忡忡，深怕他會受到「布萊德利效應」（Bradley Effect）影響，這種效應取名字湯姆．布萊德利（Tom Bradley），他是洛杉磯首位黑人市長。一九八〇年代，他與喬治．杜美金（George Deukmejian）競選加州州長，原本民調顯示他已經遙遙領先，最後卻仍然敗落，政治學者認為，在民調階段，選民害怕自己一旦回答不支持布萊德利，就會被貼上種族歧視的標籤，因此都會謊稱自己將投給布萊德利。然而種族也不是唯一一個煽動選民情緒的問題，年齡也是，歐巴馬充分利用網際網路來募資、組織支持者，進而獲得選票，這完全是年輕人、熟悉科技的選民喜愛的方式，在大選的最後幾周，歐巴馬甚至在時下流行的電玩遊戲裡投放廣告。雖然麥凱恩認為年齡是他經驗豐富的證據，但許多潛在的選民，包含老年人，都認為他當總統太老，而他的皮膚癌病史，以及選擇了一位年輕又有爭議的副手，更是加劇了選民對其年齡的擔憂。

現在知道誰當選了總統，但回顧大選前美國人心目中的理想總統也很有趣。

呼喚偉大的領導者

前面提到的領導者信心民調，就曾經問過選民這個問題，有一半以上的受訪者認為，以下五種品質或特徵尤為重要，最重第一就是**誠實和正直**，第二是**智力**，第三是**溝通能力**，第四是**讓兩個政黨共事**，第五則是**將美國人民團結在一起**。最不重要的則是有沒有當過兵，只有百分之十三的人認為這很重要。倒數第二的則是討喜程度，只有百分之二十一，還有百分之二十三的人認為華府工作經驗很重要。另外有兩個回答也很值得注意，百分之三十八的受訪者認為，對上帝堅定的信仰非常重要，而百分之三十七認為有新想法極其重要。

但研究也顯示共和黨和民主黨對其他特質的看法有所不同，共和黨認為果斷、對上帝堅定的信仰以及軍事服務很重要，程度依次排列；而民主黨則認為，在外交政策經驗、新思路、理解和同理他人、華府工作經驗、討喜更為重要。兩黨之間的最大差異在於，認為以下特質重要的民主黨人士，比共和黨人士多出了百分之十四以上：新思想，理解和同情他人以及討喜。

這份研究發表於二〇〇七年十一月，當時還看不出哪位候選人會勝出，而第一名是希拉蕊，高達百分之三十三的受訪者表示，他們有很大信心認為她會是一位好總統。歐巴馬則是第二，百分之二十二的人表示對他的領導能力有信心。接下來是朱利安尼，有百分之十八的受訪者選擇了他。緊隨其後的約翰·愛德華茲（John Edwards），有百分之十三。而僅有百分之十二的受訪者說他們認為麥凱恩會是一位好總統。

同樣值得注意的是，百分之二十六的受訪者表示他們根本不覺得希拉蕊會是個好總統，是整個研究中「沒有信心」比例最高的，百分之十九的人對歐巴馬沒有信心，而百分之二十的人對麥凱恩沒有信心。

當退役將軍柯林·鮑爾在記者會上表態支持歐巴馬時，他說歐巴馬是一個「轉型人物」，並認為他是此刻美國最需要的總統人選。在鮑爾看來這場漫長又一路上風風雨雨的選舉，是對麥凱恩和歐巴馬的「最後考驗」，他支持歐巴馬是因為「他既有風格又有實力」。這位小布希的前國務卿說：「他認為新總統應該讓美國人民和全世界知道，他的政策將和過去的八年有何不同，而新總統將面臨最緊急的挑戰之一，就是『修復美國在世界上失去的聲譽』。」

在選舉前夕，歷史學家桃莉絲・基恩斯・古德溫（Doris Kearns Goodwin）指出：「**優秀的總統都有冷靜的性格，他們都以鎮定又審慎地態度處理**。好的領導者也往往能夠克服個人的失望、傷害，甚至悲劇，林肯的政治天賦之一，更在於他有能力把對手的幕僚團隊招募到自己麾下，『不能讓仇恨毒害你』。」

顯然新總統不但要修復破碎的經濟，還要修復國家的信心，他必須恢復這個國家的樂觀主義精神。正如鮑爾預測的那樣，歐巴馬的當選不僅是非裔美國人的驕傲，也是所有美國人的驕傲。我想歐巴馬應該會在執政期間以林肯、小羅斯福和甘迺迪為典範，畢竟他在競選期間讀了古德溫的著作《無敵：林肯不以任何人為敵人，創造了連政敵都同心效力的團隊》（*Team of Rivals: The Political Genius of Abraham Lincoln*）。要鼓舞美國人，必須經過時間的考驗，歷來最偉大的領導者都不斷提醒著，我們同舟共濟，有朝一日勢必需要作出艱難的選擇，甚至犧牲。

在未來幾個月，新政府勢必要開始探索和消除小布希時代種種糟糕的陰謀，需要扭轉前任政府強加的不透明制度，打造出更公開透明的執政方式。

歐巴馬還必須與其他國家建立關係，他必須克服小布希政策造成的國際孤立。目前許多國家似乎很渴望與這位新總統共事，與美國史上的其他總統相比，歐巴馬看起來更不像個傳統的美國人，而這是一個很大的優勢；歐巴馬不只是美國公民的選擇，在這場大選後他也是世界上最受青睞的領導者。

歐巴馬帶來的新希望還有他前所未有地激勵了年輕民眾，魅力比甘迺迪更強，此外許多年長的選民原本已經不把政治當成一回事，認為選舉只不過是表面功夫，但現在這些老老少少的熱情全都被點燃，他們看到公共服務和政府出現了新的可能性，因而感到振奮。當人民不再相信會有好政府時，國家就會付出可怕的代價，如果持續抱持蔑視的態度，就會開始出現空想家和洗腦者。歐巴馬的幕僚團隊成員想必都已經體驗到，努力奮鬥並實現重大改變有多麼美好，如今即便美國境內依然存在裂痕，但該是時候可以打造二十一世紀版本的「和平工作團」（Peace Corps），以及足以激發美國能量和理想的組織。

從苦難中誕生

二〇〇八年，所有的目光都聚焦在總統參選人身上，但只關注領導者是錯誤的，就算真的有朝一日當上了國家最高領導者，但一生大多數時間，也只是扮演追隨者的角色。人們往往傾向從等級的角度來思索兩者之間的差異，但事實上隨

著工作場所和組織變得更加扁平，更趨近於社團型態，「等級」已經變得越來越沒有意義。像是Google工程師，帶領團隊只是個臨時任務，他們會先帶領一段時間，再把權力交棒給團隊的另一個成員。就算是在相對傳統的組織中，領導者和追隨者之間也有互惠關係，領導者和追隨者就像是舞蹈中的搭檔。

身為追隨者最重要的義務就是對握有權力的人說真話，因為說真話而失業的人會告訴你，比起沉默，誠實是一件更艱鉅的任務，對當權者坦承確實需要勇氣，而當風險極高時，那甚至需要某種英雄主義精神。**然而若追隨者能夠大膽指出別人迴避的問題，或讓老闆知道最佳方案中也存在某些缺陷，他的行為本身就堪稱「領導者」，也就是承擔責任、為組織謀求最佳利益的人。**而且不僅僅是只有揭露真相或表達反對意見時才須要說真話和被理解，每個人的聲音都需要被聽到。

我想起小羅斯福的一個故事：「一九四五年四月，悲傷的群眾蜂擁至憲法大道，等待他的送葬隊伍經過。他的靈車靠近時，人群中有個穿著體面的中年男子跪倒在地，他絕望地哭泣，很久才恢復鎮定，一個陌生人在他身邊問到，『你認識總統嗎？』男人泣不成聲地回答，『不認識……但他很了解我。』」

身為一個對大蕭條時代尚有記憶的人，我可以向你保證，二〇〇八年的金融危機目前還不算嚴重，但這依然稱得上一場真正的危機，是對領導者的嚴峻考驗。

成為領導者的道路絕不會一帆風順，在實現巨大的成功之前，往往會經歷崎嶇坎坷、荊棘密佈的過程，甚至走上錯誤的彎道，或落入無路可走的境地。通常經歷一場重大變革，能幫助我們找到自己的想法，藉此帶領他人，進而獲得領導者的技能。

小羅斯福總統一生都在對抗小兒麻痺，這就是對他身為領導者的巨大考驗。**光是渡過困難是不夠的，還必須抓住它給予的每一次機會來蛻變。**最近幾周由於股票市場的震盪，我常想起阿比蓋爾．亞當斯夫人在一七八〇年的那動盪日子裡，寫給兒子的信：「偉大的領導者往往從苦難中誕生。」

我認為，亞當斯在信中將「領導者」寫為複數是很重要的，特別是現在美國有一位令人振奮的新總統，人們很容易忘記，民眾需要的不只是一位天才領袖，美國剛成立時，人口不到四百萬，卻擁有六位卓越的領導人：華盛頓、傑弗遜、漢米爾頓、麥迪森、富佛蘭克林及亞當斯。現在，人口已超過三億四百萬，我們理所當然有能力栽培出至少六百位世界級的領導者。

你，會是其中之一嗎？

附錄 人物小傳

1. 諾曼・李爾（Norman Lear）（一九二二～）

李爾出生在康乃狄克州紐哈芬市。他是製片人、編劇、導演，也是擁有三十萬成員的民權組織「美國人民之路」的聯合創辦人。他過去在愛默生學院接受教育，並於二戰期間在空軍服役。一九四五年，他初次踏入電視圈，並成為喜劇編劇，在擔任編劇兼製片人期間，他憑藉《一家子》、《莫德》和《瑪麗・哈特曼》等創新節目開闢了新天地。他也是一位媒體企業家，並活躍於自由派政治中，為政治領導者提供建議，在公民自由議題上直言不諱。一九八四年，李爾成為電視藝術與科學學院名人堂（Academy of Television Arts & Sciences Hall of Fame）的首批入選者。一九九九年，他被授予國家藝術獎章。二〇〇〇年他和網路企業家大衛·海頓（David Hayden）以八百一十萬美金買下了《獨立宣言》的原版，隨後將這份憲法文件巡迴展出，他說：「我想把它帶到美國人可以看到的地方。」

2.理查·費瑞（Richard Ferry）

費瑞是世界領先的高階管理人獵頭公司光輝國際的聯合創辦人，也曾擔任該公司的總裁與董事。自一九六九年成立以來，光輝國際已成為塑造企業和組織領導力的重要力量，並致力於工業專門化和專業諮詢實務，為領域打下基礎實力。一九九五年退休後，費瑞一直積極參於南加州的教育、公共及慈善活動。他還擔任過艾利丹尼森公司（Avery Dennison）、都樂食品（Dole Food Company）、菲爾茲太太餅乾（Mrs. Fields' Famous Brands）和太平洋人壽（Pacific Life）母公司太平洋交叉控股公司（Pacific Mutual Holding Company）的董事。

3.瑪蒂爾德·克里姆（Mathilde Krim）（一九二六～二〇一八）

克里姆擁有瑞士日內瓦大學的博士學位，並在以色列魏茲曼科學研究所從事細胞遺傳學和致癌病毒的研究，她的團隊開發出第一個產前性別檢測的實驗。她也是康乃爾大學醫學院和史隆凱特林癌症研究機構（Sloan-Kettering Institute）的研究人員，並在此機構中負責干擾素實驗室。她是美國愛滋病研究基金會的創辦主席和董事長，也讓世界更加認識愛滋病，因而獲得了十多項榮譽學位與無數獎項，其中包含二〇〇〇年的總統榮譽勳章，這是美國最高的平民榮譽。

4. 薛尼・波勒（Sydney Pollack）（一九三四～二〇〇八）

波勒出生於印第安那州拉法葉。他在紐約跟隨傳奇表演大師桑福德・邁斯納（Sanford Meisner）學習。在電視成為新媒體的黃金時代，他開始擔綱導演，一共執導並製作了二十多部電影，包含《射馬記》（*They Shoot Horses, Don't They?*）、《往日情懷》（*The Way We Were*）、《禿鷹三日》（*Three Days of the Condor*）、《遠離非洲》（*Out of Africa*）、《窈窕淑男》（*Tootsie*）和《黑色豪門企業》（*The Firm*）。他的電影共獲得了四十多項奧斯卡提名，包含四項最佳影片提名，以及三次最佳導演提名，《遠離非洲》拿下七項奧斯卡獎，包含最佳影片、最佳導演和最佳劇本等等。他也憑藉《窈窕淑男》獲得紐約影評人獎。直到去世前，他一直在製作、執導甚至演出一系列叫好叫座的電影。

5.格洛麗亞·安德森（Gloria Anderson）

安德森畢業於德州大學新聞學院，並取得威斯康辛大學文學碩士，曾任美聯社記者、《辛辛那提詢問報》（*Cincinnati Enquirer*）和《夏洛特觀察家報》（*Charlotte Observer*）的編輯，以及奈特里德報業（Knight-Ridder）與《邁阿密新聞》（*Miami News*）的執行主編。她是《邁阿密今日報》的創辦編輯與聯合發行人，也是邁阿密郊區《肯德爾公報》的編輯和發行人。她曾負責《紐約時報新視界》（*New York Times Syndicate*），以及《紐約時報》的新聞服務部主導國際與編輯發展，此外她還擔任過普立茲獎評審與世界編輯論壇的主席。

6.唐·瑞奇（S. Donley Ritchey）

在退休之前，瑞奇是幸運超市的執行長，他在這間公司任職了三十二年，最早的時候，他只是一位在超市打工的大學生。他畢業於聖地牙哥州立大學，曾在加州大學柏克萊分校、史丹佛大學、南加州大學等地教授管理和行銷課程。他也是多家公司的董事，並熱衷於加州丹維爾市的政治、市政和慈善工作。二〇〇七年從AT&T電信公司董事會退休後，被委任為聖地牙哥州立大學企業管理學院的董事。

7. 雪莉・霍夫斯特德勒（Shirley Hufstedler）（一九二五～二〇一六）

霍夫斯特德勒出生於科羅拉多州丹佛市，在史丹佛大學獲得法律學位，並於一九五〇年在洛杉磯開始執業。一九六一年她被任命為洛杉磯高等法院法官，一九六六年擔任加州上訴法院大法官。一九六八年她被詹森總統任命為美國第九區上訴法院法官，一九七九年被卡特總統任命為教育部長。一九八一年離開該職務後，她一直從事法律教學和工作，以及在洛杉磯美富律師事務所（Morrison & Foerster）擔任資深顧問。

8. 布魯克・納普（Brooke Knapp）（一九四〇～）

納普是世界知名的飛行員，曾創下一百二十多項飛行速度記錄。她創辦並經營捷特航空，專門提供包機服務。她曾擔任加州航空與機場委員會（California Commission on Aviation and Airports）主席，並獲得聯邦航空總署傑出服務獎（Federal Aviation Administration Award for Extraordinary Service），同時也是一為南加州房地產企業家。她曾擔任好萊塢商會（Hollywood Chamber of Commerce）主席及加州海岸委員會（California

Coastal Commission）委員，目前是 My Jets 包機航空公司的董事會成員，這間公司專門為各大企業及其他機構提供量身打造的包機服務。

9. 羅傑・古德（Roger Gould）

古爾德獲得了西北大學醫學院的醫學學位和公共衛生學位後，開始在洛杉磯縣立醫院實習，並於加州大學洛杉磯分校完成精神科培訓。他是加州大學洛杉磯分校精神病學的臨床副教授，也是一位執業精神科醫生，同時是電腦輔助精神病學與體重控制心理學的先鋒。他著有《轉變：成人生活中的成長和變化》（*Transformations: Growth and Change in Adult Life*）及《縮小自己》（*Shrink Yourself*）。

10. 馬蒂・卡普蘭（Marty Kaplan）（一九五〇～）

卡普蘭出生於紐澤西州紐華克，擁有哈佛大學分子生物學學士學位和史丹佛大學現代思想和文學博士學位，還在劍橋大學英文系以第一名成績畢業。他曾是白宮演講稿撰寫人、記者、總統競選部副理。在迪士尼工作的十二年間擔任編劇兼製片人，作品包含艾迪・墨菲（Eddie Murphy）的《滑頭紳士闖通關》（*The Distinguished Gentleman*）。他也是一位教授，在南加州大學安納伯格傳播學院擔任諾曼李爾研究中心的娛樂、媒體和社會主任，並且是國家公共廣播電台（National Public Radio）的評論員，以及《哈芬登郵報》的撰稿人。

11. 安妮・布萊恩特（Anne L. Bryant）（一九四九～）

布萊恩特出生於波士頓地區，擁有西蒙斯學院的英語學士及麻省大學的教育博士學位。一九七四年到一九八六年期間，她是芝加哥社團管理公司 P. M. Haeger & Associates 專業教育部的副總監，之後她成為美國大學婦女聯合會的執行長，在美國各地推動女性在教育及其他領域的平等。目前她是全國學校董事會協會的執行長，服務全國一萬四千五百多個學區，此外她也是美國普及服務管理公司的學校及圖書館委員會的副總監，這個非營利組織由聯邦通訊委員會（FCC）指定，專門管理聯邦普及服務基金（Universal Service Fund）。

12. 艾爾弗雷德・戈特沙爾克（Alfred Gottschalk）（一九三〇～二〇〇九）

戈特沙爾克出生於德國，一九三九年來到美國，在紐約市立大學布魯克林學院讀完學士，並於南加州大學獲得碩士、博士和法律學位，在希伯來協合學院獲得文學學士學位。成為猶太教律法專家之後，他繼續在希伯來協合學院教書，並於一九七一年成為校長，積極參與公民、慈善、教育和宗教事務，曾擔任猶太遺產博物館（Museum of Jewish Heritage）的理事和國家地下鐵路自由中心（National Underground Railroad Freedom Center）的主任。

13. 愛德華・詹森三世（Edward C. Johnson III）（一九三〇～二〇二二）

一九五四年從哈佛畢業後，詹森於一九五七年加入富達投資公司（Fidelity Investments），擔任研究分析師，隨後成為富達趨勢基金（Fidelity Trend Fund）的投資組合經理，曾任富達投資公司的董事會主席兼執行長。

14. 勞勃・道克森（Robert R. Dockson）（一九一七～二〇一三）

道克森出生於伊利諾州，擁有南加州大學碩士與博士學位。二戰期間在海軍服役四年之後，他前往羅格斯大學任教，並從事了六年的金融經濟工作。一九五四年在南加州大學擔任市場行銷教授與系主任，一九六〇年在南加州大學開設了商學系與企業管理研究所，並擔任了十年的院長。一九六九年加入加州聯邦銀行，這間銀行後來被花旗集團收購，一九七〇年擔任總監，一九七三年成為執行長，一九七七年成為董事長。自一九八八年退休之後活躍於學術、公共及慈善事務中，並於海恩斯基金會（John Randolph Haynes and Dora Haynes Foundation）致力研究與解決洛杉磯地區的社會問題。

15. 傑米・拉斯金（Jamie Raskin）（一九六二～）

從哈佛大學和哈佛法學院畢業後，拉斯金在麻省擔任助理檢察長，並擔任全國彩虹聯盟（National Rainbow Coalition）的總法律顧問。一九九〇年，拉斯金加入了位於華盛頓的美國大學華盛頓法學院教職員行列，他在學校創辦了馬歇爾布倫南獎學金，選拔出二、三年級法律系學生，前往高中擔任憲法和公民課程的老師，並且主導了學校的法律和政府專案。二〇〇六年他以壓倒性的優勢，贏得馬里蘭州參議院的席位。

16. 芭芭拉・柯迪（Barbara Corday）（一九四四～）

柯迪是紐約人出生劇場世家。她在娛樂產業的第一份工作，是在一間獨立劇場經紀公司上班。後來她從事公關工作，並和芭芭拉・艾維頓一起寫劇本，八年間她們寫了許多影集劇本與試播集劇本，並擔任多部影集的執行劇本顧問。後來她成為ＡＢＣ電視台主管，一段時間後她加入哥倫比亞電影電視公司擔任獨立製片人，並身兼她個人創辦的「不歌不舞」（Can't Sing, Can't Dance Productions）製片公司的總監。一九八四年她成為哥倫比亞電影電視公司的總裁，接著擔任哥倫比亞大使電視（Columbia/Embassy Television）的總裁兼執行長，管理公司在影視製作的各個層面。她後來加入ＣＢＳ電視網擔任執行副總裁，負責黃金時段節目。此外她也是好萊塢女性政治行動委員會（Hollywood Women's Political Committee）的共同創辦人，並於南加州大學任教，是影視學院的影視製作所所主任。

17. 詹姆斯・伯克（James E. Burke）（一九二五～二〇一二）

伯克出生於佛蒙特州拉特蘭，畢業於聖十字學院，擁有哈佛商學院的ＭＢＡ學位。他於一九五三年加入嬌生擔任產品總監，一九五五年被任命為新產品總監，一九七三年升為總裁，同年也擔任董事長兼執行長。任職於這家製藥巨頭期間，他成功處理一九八二年泰諾止痛藥篡改危機，因而聞名。伯克於一九八九年從嬌生退休後，成為非營利組織「終結美國毒品」（Partnership for a Drug-Free America）的董事長。二〇〇〇年柯林頓總統授予他總統自由勳章（Presidential Medal of Freedom），並於二〇〇二年成為反毒組織的榮譽主席。

18. 倫恩・札菲羅普洛斯（Renn Zaphiropoulos）

札菲羅普洛斯出生於希臘，並在埃及長大，他的父親是一位船長。他擁有理海大學的物理學士與碩士學位，並取得數十項專利。在他擔任彩色電視實驗室（Chromatic Television Laboratories）研究與發展部助理主任期間，催生出特麗霓虹（Trinitron）的發展。身為靜電印刷先驅，一九六九年他共同創辦了印刷大廠維瑟泰，這是世界領先的靜電印表機和繪圖機製造商，於一九七九年與全錄公司合併。目前他已從全錄公司退休，經常在大學和其他論壇演講，也是一位顧問、作家、水手、夏爾馬培育員與廚師。

19. 約翰・史考利（John Sculley）（一九三九～）

史考利出生於紐約，曾就讀於羅德島設計學院，畢業於布朗大學，並在賓州大學華頓商學院拿到企業管理碩士。他在百事公司的行銷部門一路晉升，於一九七七年成為總裁兼執行長。蘋果聯合創辦人史蒂夫・賈伯斯將史考利從百事可樂挖走，史考利於一九八三年成為該公司的總裁兼執行長，任職蘋果的十年間，他帶領的行銷活動廣受好評，尤其是一九八四年麥金塔電腦的發表。他現在從事寫作，也是一位廣受歡迎的演講者，擅長論述未來願景，並且是 Rho Ventures 風險投資公司的合夥人。

20. 弗朗希絲．海瑟班（Frances Hesselbein）（一九一五～）

海瑟班出生於賓州，是首位從基層工作崛起的美國女童子軍理事會執行長。她從志願童子軍領隊開始做起，於一九七六年成為美國女童子軍理事會的執行長，並一直任職至一九九〇年。由於她對女童子軍的傑出領導能力，《財富》雜誌將她評選為「美國最佳非營利管理者」。她還榮獲總統自由勳章，這是美國最高平民榮譽，此外她也是彼得杜拉克非營利管理基金會（Peter F. Drucker Foundation for Nonprofit Management）的創辦主席，這個基金會現在已更名為領導者協會（Leader to Leader Institute）。她的著作包含二〇〇二年的暢銷書《海瑟班論領導力》（*Hesselbein on Leadership*）和《美國陸軍領導守則》（*Be, Know, Do: Leadership the Army Way*）。

21. 霍勒斯．迪茨（Horace B. Deets）

迪茨在美國退休者協會耕耘許久，直到五十歲才被董事會選為執行長。在他的帶領下，這個組織變得越來越廣為人知，為許多五十歲以上的美國人發聲。在加入美國退休者協會之前，迪茨在公平就業機會委員會（Equal Employment Opportunity Commission）工作。他曾在阿拉巴馬州當老師及校務行政，擁有阿拉巴馬州聖伯納德學院的學士學位，以及華盛頓天主教大學的碩士學位。擔任美國退休者協會執行長十三年之後，他於二〇〇二年退休並成為協會的資深顧問。他現在是美國國際助老協會（HelpAge International America）主席，這是一個全球非營利組織，致力改善弱勢長者的生活，也是麻省理工學院高齡實驗室的研究員，以及牛津大學高齡研究所的客座研究員。

22. 賴瑞・威爾遜（Larry Wilson）（一九三八～二〇二〇）

威爾遜出生於肯塔基州路易維爾，在明尼蘇達州長大，畢業於明尼蘇達大學，並取得教師資格。當了一年老師後，他成了一位保險推銷員，並在二十九歲時成為百萬美元圓桌會議（MDRT）中最年輕的終身成員。一九六五年他創辦了威爾遜學習公司（Wilson Learning Corporation），現在已是一間跨國企業培訓和研究機構。在將威爾遜學習公司出售給約翰威立出版社（John Wiley & Sons）後，威爾遜與該出版社合夥，在新墨西哥州聖塔菲成立了威爾遜學習互動科技集團（Wilson Learning Interactive Technology Group）。他也是學習聯盟（Alliance for Learning）的創辦人，這是一個致力於促進成人學習的大型企業聯盟，也是一個非常受歡迎的組織顧問。

23. 理查・舒伯特（Richard Schubert）

舒伯特出生於紐澤西州特倫頓，就讀於麻省昆西的東拿撒勒學院，一九六一年畢業於耶魯大學法學院，隨後加入伯利恆鋼鐵公司的法律部門。一九七一年，他被任命為美國勞動部法務主管，後來成為勞動部副部長。一九七五年他回到伯利恆鋼鐵公司，四年後升上總裁。他於一九八二年六月辭職，隔年成為美國紅十字會主席。直到一九八九年他一直帶領著這個國際援助組織，並將電腦化運作引入組織，因此備受讚譽。從一九九〇年到一九九五年，他是亮點基金會（Points of Light Foundation）的總裁兼執行長。目前他是高階主管培訓網（Executive Coaching Network）的資深副總裁，以及管理與培訓公司（Management & Training Corp）的創辦成員。

24. 格洛麗亞・斯泰納姆（Gloria Steinem）（一九三四～）

斯泰納姆出生於俄亥俄州托萊多，一九五六年畢業於史密斯學院，曾在在印度待了兩年，擔任賈斯特鮑爾斯計畫（Chester Bowles）的研究員，回到紐約後成為一位作家和記者。她是《紐約》（*New York*）與《Ms.》雜誌的創辦編輯，因為關注女權、平等正義以及其他道德和政治議題而備受尊崇。她也是全國婦女政治核心小組（National Women's Political Caucus）的共同創辦人，並是廣受歡迎的演講者，出版過多本暢銷書，包含《令人髮指的行為和日常反叛》（*Outrageous Acts and Everyday Rebellions*）、《從內部改革》（*Revolution from Within*）和《超越語言》（*Moving Beyond Words*）。

25. 賀伯・艾普特（Herb Alpert）與吉爾・弗里森（Gil Friesen）

艾普特、弗里森與傑瑞・摩斯三位傑出人士，共同帶領 A&M 唱片公司。

一九九〇年，他們將公司以五億多美金的價格將公司賣給了寶麗金唱片（PolyGram）。艾普特同時是一位樂手，與 Tijuana Brass 樂團在一九六〇年代的流行樂壇具有重要地位。除了拿下眾多白金唱片與葛萊美獎，艾普特也是同時是創新的商業領導者與藝術家，並創辦艾普特基金會，弗里森一開始擔任 A&M 的總經理，一九七七年成為總裁。大幅拓展 A&M 的音樂事業之後，弗里森創辦 A&M 電影公司。電影《早餐俱樂部》（*The Breakfast Club*）細膩刻劃青春，票房也極為成功。一九九七年弗里森離開公司，加入他聯合創辦的 Classic Sports 有線電視網，ESPN 於一九九七年收購了這間公司。二〇〇〇年艾普特和摩斯將他們的音樂發行公司 Rondor，以約四億美元的價格賣給環球音樂集團（Universal Music）。二〇〇二年他們又在這筆交易中賺進兩億多美元，這是因為在當初簽訂的合約中，有明定若環球股價下跌，必須環球公司以及威望迪公司（Vivendi）必須補償他們。艾普特和摩斯於二〇〇七年入選搖滾名人堂，並於二〇〇八年葛萊美獎上獲得唱片協會主席榮譽獎。

26. 貝蒂．傅瑞丹（Betty Friedan）（一九二一～二〇〇六）

傅瑞丹是一位作家及女權運動領導者，一九四二年她以第一位的成績從史密斯學院畢業，並在加州大學伯克萊分校進行研究工作。但她任職報社期間，因為懷孕而遭到解雇，她便開始研究母校史密斯學院女性校友的生活，並受研究成果啟發而寫下了她的女權主義經典作品《女性的奧秘》（*The Feminine Mystique*）。她共同創辦了全國婦女組織（National Organization for Women）、全國婦女政治核心會議（National Women’s Political Caucus）、國際女權主義者大會（International Feminist Congress）和第一婦女銀行，這是一間婦女財務智庫。一九九三年她出版了關於衰老的先鋒之作《年齡的源泉》（*The*

Fountain of Age）。她也在南加州大學等多間大學擔任客座教授，並且持續研究與寫作，為性別平等、高齡化及其他社會與政治問題喉舌，直至二〇〇六年去世。

27. 小克里夫頓．雷金納德．沃頓（Clifton R. Wharton, Jr.）（一九二六～）

沃頓出生於波士頓，十六歲就進入哈佛大學，之後獲得歷史學士學位。讀大學時，他就創辦了美國全國學生協會，並且擔任全國秘書長職位。他擁有約翰霍普金斯大學高級國際研究學院的國際事務碩士學位、芝加哥大學經濟學博士學位，以及數十個榮譽學位。他曾是密西根州立大學的校長和紐約州立大學的總校長。一九八七年到一九九三年間，他擔任美國教師退休基金會及大學退休基金（College Retirement Equities Fund）的主席兼執行長，後者是世上最大的退休金規劃專案，因為這項專案，他成為首位帶領「財星美國五百強」公司的非裔美國人。

國家圖書館出版品預行編目（CIP）資料

卓越領導者的修練學：關鍵十策略，從收服人心到駕馭環境，思維完全躍升的實戰聖經／華倫．班尼斯（Warren Bennis）著；劉佳澐譯. -- 初版. -- 臺北市：方言文化出版事業有限公司，2022.11
面；　公分 --

譯自：On becoming a leader
ISBN 978-626-7173-28-2（平裝）

1. CST：領導

177.5　　111016707

卓越領導者的修練學

關鍵十策略，從收服人心到駕馭環境，思維完全躍升的實戰聖經

On Becoming A Leader

作　　者　華倫．班尼斯（Warren Bennis）
譯　　者　劉佳澐

總 編 輯　鄭明禮
選 書 人　盧巧勳
責任編輯　李與真
業 務 部　葉兆軒、尹子麟、林姿穎、胡瑜芳
企 劃 部　林秀卿、曹詩涵
管 理 部　蘇心怡、陳姿伃、莊惠淳

封面設計　張天薪
內頁設計　莊恒蘭

法律顧問　証揚國際法律事務所 朱柏璁律師

出版發行　方言文化出版事業有限公司
劃撥帳號　50041064
電話／傳真（02）2370-2798／（02）2370-2766

定　　價　新台幣480元，港幣定價160元
初版一刷　2022年11月9日
I S B N　978-626-7173-28-2

方言文化